Johannes I. L. Pfeiffer

Geschichten aus dem Nachbarschaftscafé

DAS BUCH

In diesem Buch beschreibt der Autor in Kurzgeschichten Themen wie Bindungen, Liebe, Sehnsucht, Respekt, Kampf mit den Ämtern, Wahrheit, Frauenpower, andere Länder - andere Sitten, Sinne, Rheinspaziergang und vieles mehr. Sie stammen aus verschiedenen Genres, einige beschreiben Selbsterlebtes. Dabei tauscht er sich mit anderen Autoren monatlich in einem literarischen Kreis zu den Themen aus.

Den Abschluss bilden biblische Geschichten mit einem unerwarteten Turn.

DER AUTOR

ist Bauingenieur, schreibt seit seinem 12. Lebensjahr Kurzgeschichten und Romane in den Genres Belletristik, Thriller, Krimi und Science-Fiction. Die Geschichten sind lebendig und vielschichtig und verfügen oft über einen unerwarteten Turn. Seine Lieblingsautoren sind Kafka, Pessoa, Hemingway, Chatwin, Malaparte, Poe, Mann, Hesse und Goethe.

Bereits veröffentlicht:
Schriftkram   ISBN 978-3-759-77013-4
Schrift-Gut   ISBN 978-3-759-77036-3
Schrift-Art   ISBN 978-3-759-72902-6

Johannes I. L. Pfeiffer

Geschichten aus dem Nachbarschaftscafé

Bibliografische Information der Deutschen Nationalbibliothek: Die Deutsche Nationalbibliothek verzeichnet diese Publikation in der Deutschen Nationalbibliografie; detaillierte bibliografische Daten sind im Internet über dnb.dnb.de abrufbar

© 2024 JOHANNES I. L. PFEIFFER
Verlag: BoD • Books on Demand GmbH, In de Tarpen 42, 22848 Norderstedt
Druck: Libri Plureos GmbH, Friedensallee 273, 22763 Hamburg
ISBN Nr. 978-3-7597-5293-2

Lektorat für die Geschichten *Barabbas, Das Adventsgesteck, Wenn Blätter fallen I, Ein glücklicher Tag* durch Ina Broich, Lektorat und Korrektorat - www.inabroich.de.

Das Jahr

Januar und Februar

Der Plan

Mein Vater gehörte zu den Menschen, die sich im Hotel als erstes immer die auf dem Flur ausgehängten Fluchtpläne ansehen und sich ausrechnen, wie schnell sie das Hotel sicher verlassen können. In seiner Firma achtete er bei den Planungsunterlagen auf Kleinigkeiten. Es bürgerte sich ein, dass er die Pläne als Letzter bekam, bevor sie an die Ausführenden verschickt wurden. Er fand Details, die man vergessen hatte, darzustellen oder die nicht funktionieren würden. Er berichtete davon zuhause beim Essen. Wir Kinder konnten es irgendwann nicht mehr hören. Unsere Mutter hörte ihm immer zu. Wir drei Kinder hatten die Vermutung, dass sie nur hin und wieder nickte oder etwas fragte, damit er das Gefühl hatte, es würde sie interessieren. Unser Vater breitete vor Antritt eines Urlaubs auf dem Wohnzimmertisch Pläne und Prospekte aus, hielt auf einem Zettel fest, was wir uns alles anschauen sollten, wie weit entfernt und wie erreichbar.

Wir Kinder wurden größer und älter und studierten, teilweise in anderen Ländern. Hin und wieder meldeten wir uns bei ihm oder wir erhielten eine Karte aus dem Urlaub von ihm, alles in seiner gestochen scharfen Handschrift. Als die Mutter starb, brach ihm das Herz, seine Anrufe wurden weniger.

Wenige Jahre später starb auch er.

Wir alle haben Kinder, ich drei Söhne, und ertappe mich dabei, dass ich vor einer Urlaubsreise Pläne und Prospekte auf dem Wohnzimmertisch ausbreite und auf einem Zettel festhalte, was wir sehen wollen, wie weit diese vom Hotel entfernt sind - und im Hotel studiere ich zuerst die Flucht- und Rettungswegpläne...

Wahrheit

„Die Wahrheit! Wer will schon die Wahrheit wissen, sie Narr!"

Der Mann beugte sich zu mir herunter und spie mir die Worte förmlich ins Gesicht. Er trug einen dunklen Mantel und einen dunklen Hut. Seine Augen blitzten hinter der Brille mit goldener Fassung.

„Glauben sie, die Menschen wollen das wissen, was sie als die Wahrheit bezeichnen? Nein, der Mensch will belogen und betrogen werden! Die ganze Welt will belogen werden! Wir Menschen sind so programmiert. Wir glauben lieber an das, was uns angenehm ist als an das, was die Wahrheit ist!"

Er deutete auf die Bildschirme um uns herum. Sie zeigten Aufnahmen von Katastrophen, Unwettern, Krieg und Zerstörung, Menschen liefen in Panik umher.

„Das ist die Realität. Aber die Menschen sollen das hier sehen!"

Er winkte einem der Männer an den Steuerungen zu und plötzlich war auf allen Monitoren eine Sommerwiese zu sehen, auf der Schmetterlinge tanzten.

„Das hier wollen die Menschen sehen, und wir geben ihnen das, was sie sehen wollen!"

Er trat wieder eng an mich heran. Ich konnte nicht aufstehen, sie hatten mich an einen Metallstuhl festgebunden, der am Boden verankert war. Den Knebel hatten sie mir abgenommen. Mir war kalt, obwohl ich schwitzte. Sie mussten mir etwas gespritzt haben, als ich nach den Schlägen ohnmächtig geworden war.

Der Mann fasste mit seiner behandschuhten Hand in meine Haare und bog meinen Kopf zurück. Sein Gesicht war nahe an meinem, sein Speichel tropfte auf mein

Gesicht. Seine blauen Augen waren groß und glänzten. Wahnsinn leuchtete aus ihnen.

„Sie wissen gar nicht, welchen glorreichen Zeiten wir entgegen gehen, Müller! Der Führer wird uns zum überwältigenden Sieg führen. Wir werden die Weltherrschaft an uns reißen! Dafür müssen wir an den Code in ihrem Kopf. Entweder geben sie uns den freiwillig oder wir holen uns den!"

Er holte aus und wollte zuschlagen.

„Programm - Stopp!", rief ich laut aus.

Der Mann hielt mitten in der Bewegung inne.

„Programm - Meine Fesseln lösen!"

Der Mann und ein Wachposten an der Tür traten heran und lösten mir die Fesseln. Mühsam kam ich auf die Beine. Die ganze Veranstaltung war sehr real gewesen. Ich ging an dem Mann vorbei, der mich verhört hatte zu den Wachen an der Tür. Auf meinen Befehl hin traten sie beiseite.

Draußen folgte ich einen breiten Gang und genoss die helle Abendsonne. Ich fühlte noch die Nachwirkungen der Schläge durch die Androiden. Ich musste unbedingt mit deren Programmieren sprechen, damit diese das gesamte Programm noch einmal überarbeiteten.

Durch den großen Vergnügungspark, der Erfahrungen aus allen Epochen der Weltgeschichte anbot, ging ich langsam Richtung meines Hoovercars. Hinter mir leuchtete die Reklame auf: „Besuchen Sie Hitlers Nazi-Deutschland! Inklusive einer echten Befragung durch die GeStaPo."

März

Liebe

Wie so oft stand der Mann in der Küche am hohen Bartisch und hatte seinen Laptop vor sich stehen. Er sah auf den Monitor und sah ratlos aus.

„Was ist das Thema deines Artikels?"

„Der Chefredakteur war der Ansicht, dass ich etwas zum Thema Liebe schreiben sollte. Das war wohl eine wiederholte Aufforderung in der Leserpost. Und jetzt muss ich was schreiben."

Er sah zur Decke.

„Liebe, Liebe…"

Seine Frau stand am Herd und kochte, sie trug eine Schürze und aus Spaß eine Mütze. Sie stellte den Herd kleiner, trat zu ihrem Mann und gab ihm einen Kuss.

„Dir wird schon etwas einfallen, da bin ich mir sicher."

„Liebe, Liebe. Ich muss mal googeln."

Der Mann tippte auf der Tastatur.

„Liebe, es gibt verschiedene Arten von Liebe, Bruderliebe, Geschwisterliebe, Liebe zum Partner, zu den Kindern, … wusstest du, Schatz, dass es auch Menschen gab, die mit Nachnamen Liebe hießen?"

„Nein, das wusste ich nicht. Was du alles weißt!"

Der Mann lachte.

„Das Internet, nicht ich! Liebe… puh, das ist echt schwer."

Er sah sich in dem Raum um, schloss die Augen, wusste nicht, wie er anfangen sollte.

„Liebe… ah, Filme sind immer gut. Love-Story. Guter Anfang." Er tippte einige Worte, verharrte. „Filme und Bücher und Musik gehen an sich immer." Er pfiff Melodien vor sich hin. Seine Frau erkannte 'Love is in the air' von John Paul Young, 'I'm not in love' von

10CC, 'Love, love me do' von den Beatles. Ihr Mann hatte eine gute Stimme und sang einige Strophen von Liedern, die er kannte. 'Gimme Shelter' von den Rolling Stones, 'Gimme all your lovin' von ZZ Top und anderes ließ er aus dem Internet anspielen.

„Tolle Musik!", meinte seine Frau und gab ihm einen Kuss. „Ich habe einen Schriftsteller und Musikwissenschaftler geheiratet!", lachte sie.

„Nur, dass der Schriftsteller sein Leben als mittelmäßiger Journalist sein Leben bei einer Kleinstadtzeitung fristen muss!"

„Ja, aber diesen Journalisten liebe ich halt und habe ihn geheiratet, weil er so ist wie er ist!"

Sie hatte ihm die Arme um den Hals gelegt und sie küssten sich leidenschaftlich.

Aus dem Kinderzimmer ertönte eine Kinderstimme. Ein etwa dreijähriger Junge erschien und kam zu den beiden, ein Auto in der Hand. Ein Rad war abgefallen. Sie trennten sich und der Mann hob den Jungen samt Auto hoch und setzte ihn neben dem Laptop auf dem Bartisch ab.

„Na, kleiner Mann, was ist los?"

„Auto kaputt!", meinte der Junge und hielt ihm Auto und Reifen hin.

Der Vater besah sich den Reifen. Er war nur abgegangen, nicht abgebrochen. Er steckte den Reifen wieder auf die Achse, hielt auf der anderen Seite dagegen und presste den Reifen fest an.

„So, das wird halten, Junior!", meinte er.

Sein Sohn drückte ihn und ließ sich vom Vater wieder auf den Boden der Küche setzen. Dann bewegte er den Wagen, halb krabbelnd, halb knieend, über die Fliesen der Küche Richtung Flur.

„Liebe, Liebe...", begann der Mann wieder.

Er trat ans nahe Fenster und sah hinaus. Im Garten tummelten sich kleine Singvögel in den Wipfeln der Bäume. Die Sonne strahlte hell und klar in die Küche. Er beobachtete Schmetterlinge über den Blumenbeeten. Der Mann sah sich um und beobachtete seine Frau und seinen Sohn, der mit seinem Auto die Küche verließ und auf dem Flur weiterspielte.

Und begriff.

Er trat an seine Frau am Herd und umarmte sie von hinten.

„Die Liebe ist immer da und wird immer da sein. Sie ist unsterblich. Sie umgibt uns. Wir müssen uns nur die Zeit nehmen, dies zu erkennen."

Er gab seiner Frau einen Kuss auf die Wangen.

„Ich liebe dich und unseren Sohn. Danke, dass ihr in meinem Leben seid. Und das werde ich auch schreiben. Jetzt habe ich die Inspiration erhalten, die ich gesucht habe."

Und er trat an den Laptop und schrieb seinen Artikel.

Im Garten

„Wir alle lieben die Gartenarbeit hier, und du wirst sie auch noch lieben!", sagte der Mann und hielt mir die Harke hin.

Ich ergriff sie und sah mich um. Er deutete auf eine Stelle des Gartens, wo noch niemand war.

„Dort kannst du arbeiten! Und sei froh, dass du hier bist. Wenn du aber Mist baust, bist du schnell wieder im Sumpf!"

Ich nickte und eilte zu der angegebene Stelle. Ich war in der Tat sehr froh, hier zu sein. Nach all den Monaten und Jahren im Sumpf mit den Toten und der Hoffnungslosigkeit um mich herum war die Arbeit hier im Garten des Gouverneurs das reine Paradies. Und ich würde alles tun, um das nicht zu gefährden.

Schon acht Jahre hatte ich hier auf der Teufelsinsel ausgehalten. Weit mehr, als die meisten der Tausenden von armen Teufeln, die hier jedes Jahr eingeliefert wurden und starben, ohne das erste Jahr vollendet zu haben. Was mich am Leben hielt, konnte ich gar nicht sagen. Es war eine tiefe innere Kraft, die mich einfach immer weiter machen ließ. Wenn ich abends völlig erschöpft in meine Hängematte sank, war ich sicher, am nächsten Morgen nicht wieder aufstehen zu können und zu wollen. Und dennoch, immer wenn das Wecksignal ertönte, erhob ich mich und begann den Tag mit der Morgentoilette. Wie jeden anderen Morgen zuvor auch. Viele hatten aufgegeben, nicht mehr gegessen, ertranken in Flüssen, wurden von Schlangen gebissen oder ließen sich beißen, wurden von den Alligatoren in den Sümpfen angegriffen. Manchmal schossen die Wachen nicht auf die Alligatoren, nur um zu sehen, wie sie Gefangene angriffen, töteten und fraßen. Die Wachen misshandelten uns, manchmal missbrauchten sie einen von uns, nur so zum Spaß, ließen uns sinnlose Arbeiten tun und hatten ihre pure Freude daran.

Nur durch Zufall war ich dem Sumpf entkommen. Beim morgendlichen Zählappell war ein hoher Offizier erschienen, schritt die Reihen ab und zeigte auf einige Gefangene. Auch auf mich. Wir wurden ausgesondert. Die anderen traten ab. Wir trotteten auf Anweisung des Offiziers zu einem bereitstehenden Lastwagen, der uns in die Hauptstadt brachte. Dort stiegen wir aus und wurden zu einer Unterkunft gebracht. Wir duschten sofort und wurden entlaust und erhielten neue Kleidung.

„In einem Monat kommt eine Delegation des Roten Kreuzes auf die Insel. Wir wollen denen zeigen, dass es hier anständig zugeht. Daher werden wir auch den Garten des Gouverneurs und die Straßen der Hauptstadt säubern und schöner machen!"

Ich konnte mein Glück nicht fassen. Mindestens einen Monat weg aus den Sümpfen und wenn ich mich geschickt anstelle vielleicht auch für immer!

Wir säuberten die Straßen der Hauptstadt, ich tat, was angewiesen wurde. Wir brachten den Müll in Karren weg, reinigten die Abflüsse und die Kanalisation, verlegten Platten in Gehwegen neu, besserten Dächer und Wände aus. Egal was anfiel – wir machten es. Kaufleute und andere Bewohner gewöhnten sich an unseren Anblick und dass wir alles Mögliche für sie reparierten. Manchmal besserten wir auch deren Häuser aus. Als Bezahlung erhielten unsere Aufseher Wein und Geld. Wir erhielten nichts. Aber ich war zufrieden. Bloß weg von den Sümpfen!

Im Garten des Gouverneurs pflanzten wir neue Beete, stutzten Büsche und Hecken. Wir strichen die Veranda wieder weiß an, wo in den letzten Jahren die Farbe abgeblättert hatte. Manchmal kam der Gouverneur heraus und beobachtete uns beim Arbeiten. Er nickte, rauchte weiter an seiner Pfeife und ging wieder hinein.

Die Wächter standen unweit von uns, tranken Wein aus Kaffeekannen. Sie schoben die Helme in den Nacken und unterhielten sich lautstark über die aktuelle politische Situation in Frankreich und Europa. Sie achteten kaum auf uns. Wohin hätten wir auch fliehen sollen? Es gab nur die Insel und sonst nichts. Weit und breit nichts! Nur wenige hatten eine Flucht versucht und noch weniger hatten es geschafft, erfolgreich zum Festland zu kommen. Dort wurden sie geschnappt und wieder zurückgebracht. Nach wenigen Wochen starben sie an den Folgen der Misshandlung durch die Wachen.

Wir gingen abends in ein Haus am Rande des Ortes. Dort wurden wir in einen Raum eingesperrt ohne Fenster, mit einem Eimer für die Notdurft, den wir morgens leerten. Wir schliefen in Hängematten. Ich fiel müde hinein und stand morgens auf. Immer in dem Bewusstsein, dass der kommende Tag immer besser war als die Tage, die wir hinter uns gelassen hatten.

Die Zeit verging. Die Straßen vom Kai in den Ort waren gesäubert, die Häuser leuchteten in weiß und hellblau. Mehrmals standen wir am Kai und sahen zum Ort, der sich vor uns erstreckte. Wir genossen den Anblick, den Geruch des Meeres. Ich fühlte mich so lebendig wie schon lange nicht mehr. Am Nachmittag riefen uns die Wachen zusammen. Sie trugen neue Uniformen und verteilten Kleidung an uns. Wir sollten für morgen, wenn das Schiff mit dem hohen Besuch anlegte, gut aussehen. Sie teilten uns mit, dass wir morgen die Gepäckstücke der Ankommenden von Bord des Schiffes holen sollten. Wir nickten nur, nahmen die Kleidung entgegen. Wir erhielten auch neue Sandalen.

Ich konnte es kaum glauben, lief ich doch seit meiner Ankunft auf der Insel nur barfuß herum, auch im Sumpf.

Wir brachten die Kleidung zu unserer Unterkunft, begleitet von einer gelangweilten Wache. Wir hängten sie an ein Seil auf, das wir an einer Wand entlang aufgespannt hatten.

Wir waren alle stolz auf unsere Kleidung. Acht Männer waren wir. Abends in der Unterkunft sprachen wir darüber, was wir im Zivilleben gewesen waren. Zwei waren Kriminelle, einer Arzt, der betrunken einen Patienten operiert hatte. Der Mann starb und der Arzt landete hier. Zwei Bauern, die Schulden hatten und damit beglichen, dass sie ihre Häuser anzündeten, um die Versicherung zu betrügen. Einer war Apotheker gewesen, der ein falsches Mittel weitergab, ebenfalls betrunken. Eine ganze Familie starb und er bekam zwanzig Jahre hier. Pierre, der Schweigsame, hatte schließlich berichtet, dass er seine Frau mit einem anderen im Bett erwischt hatte, und er sah auf seine Hände hinab und sagte leise, dass er beide umgebracht hatte. Ich war Ingenieur, Bauleiter bei einer Brücke. Aufgrund einer fehlerhaften statischen Berechnung war ein Teil der Brücke zusammengebrochen und vier Arbeiter starben. Mir wurde eine erhebliche Mitschuld angelastet, da ich als Bauleiter den Fehler in der Berechnung hätte sehen müssen. Wegen fahrlässiger Tötung erhielt ich fünfzehn Jahre Teufelsinsel. Ein Todesurteil! Ich erinnere mich noch, wie ich damals im muffigen Gerichtssaal vor dem selbstherrlichen Richter stand und dieser auf mich zeigte und das Urteil mir entgegenspie. Wie benommen nahm ich das Urteil hin, spürte nicht mehr, wie ich von Polizisten aus dem Raum geführt wurde. Nach der langen Überfahrt war ich dann mit all den anderen Bemitleidenswerten hier angekommen. In weiser Voraussicht hatte ich mir einen länglichen Behälter mit Geldscheinen anal eingeführt und auch drinnen behalten. Die Ärzte, die bei Entzündungen die kleinen Etuis rausschneiden mussten, behielten das Geld, andere hatten Ruhr und konnten die Etuis nicht drinnen behalten, das Geld wurde ihnen gestohlen. Ich hatte es geschafft, mir so mit dem Geld Ruhe bei den Wächtern erkauft. Das Geld war schnell weg und ich wurde genauso schlecht behandelt wie die anderen. Sogar noch schlimmer, weil die Wärter kein Geld mehr von mir erhielten. Ich musste hart arbeiten. Manchmal flehte ich Gott um den Tod an. Jetzt wusste ich, warum er mich hatte leben lassen.

Früh am nächsten Morgen erschienen die Wärter mit einem Rasierpinsel und einem Rasiermesser. Einer trug eine Schüssel voll Wasser und sie stellten alles vor uns ab. Während wir uns einseiften und vor einem Spiegel rasierten, hielten sie wegen des Rasiermessers Abstand von uns und hatten ihre Pistolen griffbereit. Anschließend sahen wir sauber aus, zogen frische Kleidung nach der Morgendusche an. Die Wächter hatten das Rasierzeug entfernt und ließen uns draußen antreten. Herbert, der Anführer der Wächter, baute sich vor uns auf, seine Hände in den Taschen.

„Gefangene!", rief er. „Heute wird das Schiff der Besucher anlegen. Es sind Leute vom Roten Kreuz dabei, die sich bei uns umsehen wollen und nur das Beste zu sehen bekommen werden. Ihr geht an Bord des Schiffes und bringt ihre Koffer und Taschen herunter. Alles tragt ihr dann in das Haus des Gouverneurs. Für die paar Tage werden die Leute Gäste des Gouverneurs sein. Ihr alle werdet euch benehmen. Verstanden?"

Wir bejahten. Er war zufrieden und sah zum Hafen. Weit draußen kam das monatliche Versorgungsschiff langsam näher. Wir eilten zum Kai, stellten uns neben der Ehrengarde von Soldaten an, nahmen unsere Hüte ab. Der große weiße Dampfer kam näher, wurde langsamer. Er glitt zwischen den Fischerbooten heran und legte am Kai an. Seile wurden hinabgeworfen und am Kai befestigt. Matrosen eilten geschäftig an der Reling hin und her, eine überdachte Treppe wurde abgelassen, parallel zur Bordwand. Matrosen stiegen sie herunter, sicherten sie. Einige weißgekleidete Seeoffiziere verließen das Schiff, stiegen das Fallreep hinab und traten zu den wartenden Offizieren, begrüßten sich mit Händeschütteln. Die Offiziere gingen nebeneinander langsam den Kai entlang, blieben auf einen Ruf vom Schiff hin stehen. Damen stiegen das Fallreep hinab. Die Soldaten und wir sogen die Luft ein. Frauen und vor allem hübsche Frauen hatten wir schon lange nicht mehr gesehen. Die vier Damen trugen helle Kleider, Hüte und Sonnenschirme. Sie traten zu den Seeoffizieren, die ihnen die anderen Anwesenden vorstellten. Dies geschah unweit von uns. Einer der Seeoffiziere nahm die Mütze ab und wischte sich mit einem Tuch den Schweiß von der Stirn. Der Mann, groß und schlank, mit hellen Augen und braunen Haaren, sah sich um. Ich sah den Offizieren und den Frauen nach, die in Richtung des Gouverneurshauses gingen.

Laute Rufe vom Schiff ertönten, die ersten Waren wurden durch einen Schiffskran entladen und auf dem Kai abgestellt. Kaufleute waren gekommen und beaufsichtigten das Abladen ihrer Waren, teilten sie auf, sie wurden auf Karren umgeladen und weggebracht.

Einer der Wachposten trat vor und rief uns zu sich, deutete auf das Schiff und wies uns an, das Gepäck der Besucher herunterzubringen. Dann ging er das Fallreep hinauf. Oben warteten Stewards, sie führten uns zu den Kabinen der Damen. Sie wiesen uns an, welche Koffer,

Taschen und Hutbehälter wir alle mitnehmen sollten. Unfassbar, wieviel Gepäck eine Frau auf eine Reise mitnehmen kann! Für mich hätte das für eine gesamte Familie gereicht! Wir trugen alles herunter. Einer der Männer strauchelte und fiel die letzten Stufen der Treppe hinab, dabei öffnete sich einer der Koffer und die Wäsche fiel heraus. Alle lachten, Gefangenen, Soldaten, selbst die Wächter. Nach wenigen Augenblicken schnauzte der Wachposten uns wieder alle an, schlug und trat nach dem Mann.

Der Gefangene raffte die Kleidung zusammen und stopfte alles in die Tasche. Wir trugen alles den Kai entlang, folgten den Damen und Offizieren. Uns begleiteten auch die Schiffstewards. Die Wachen hielten uns auf Abstand. Erst nachdem die Gruppe beim Haus angelangt war, durften wir ebenfalls dorthin. Am Eingang wurden wir zurückgehalten. Die Stewards erkundigten sich bei dem Major Domus nach den Zimmernummern der Damen. Dann gingen sie voran, gefolgt von uns. Wir brachten das Gepäck zu den Zimmern.

„Miss Svensson kommt hierher!", wies uns einer der Stewards an.

Henry und ich trugen das Gepäck von Miss Svensson in einen der schönen Räume am Ende des Nordflügels. Die bodenhohen Fenster an der Meeresseite waren offen und ließen die Frische des Meeres hinein. Ein Bett stand dort, ein großer Schrank, ein Schreibtisch. Wir stellten das Gepäck vor dem Bett ab, standen kurz da und bewunderten das Interieur. So etwas hatten wir auch lange nicht mehr gesehen. Ich schämte mich für unsere Kleidung. Der Steward sortierte das Gepäck. Wir traten beiseite. Stimmen. Miss Svensson und der Seeoffizier, den ich am Kai bemerkt hatte, traten ein. Ich senkte den

Kopf, nahm meinen Hut ab. Henry folgte meinem Beispiel. Der Offizier sah uns nur kurz an.

„Los, raus mit den Gefangenen! Das sind Verbrecher, Miss Svensson!"

Als wir hinausgingen, hörte ich sie sagen: „Aber, Serge, das sind doch auch Menschen!"

„Die sind hier für schlimme Verbrechen. Vielleicht sind es Mörder. Halte dich bloß fern von diesem Gesindel!"

„Was steht noch für heute an, Serge?"

„Der Gouverneur hat uns zum Dinner eingeladen. Um 20 Uhr. Bis dahin können Sie sich frisch machen, Svenja!"

Ich merkte mir ihren Namen. Svenja Svensson. Und der Seeoffizier hieß Serge. Aus Gewohnheit merkte ich mir alles um mich herum. Irgendwann konnte es mir hilfreich sein.

Henry und ich warteten auf dem Gang. Im Zimmer blaffte der Seeoffizier den Steward an, die Koffer auszupacken und alles auf das Bett zu legen. Miss Svensson dankte ihm, wollte alles selbst in den Schrank packen. Sie dankte dem Seeoffizier für seine Bemühungen und wollte ihn erst heute Abend wiedersehen. Dann trat er auf den Gang, hinter den Steward. Er war sichtlich sauer, setzte seine Mütze auf und ging wortlos an uns vorbei. Wir folgten dem Steward, trafen die Wachen am Ende des Ganges wieder. Sie zählten uns durch. Acht. Wir verließen das Gebäude. Draußen stand ein Karren mit Pflanzen. Der Caporal der Wachen deutete auf mich und drei andere und wies uns an, die Pflanzen zur Nordseite zu bringen. Wir sollten sie dort einpflanzen. Wir folgten der Anweisung, Henry und ich packten das Zaumzeug des Esels und lenkten den Wagen auf die Nordseite des Hauses. Dort hatten andere Bedienstete

Spaten bereitgestellt. Der Caporal zeigte uns, wo wir die hohen bunten Blumen einpflanzen sollten. Ich sah immer wieder unauffällig zum Haus gegenüber. Ich hatte mir die beiden Bäume gemerkt. Da war das Zimmer von Miss Svensson. Die eine Lade war offen. Die andere wurde geöffnet, dann auch die beiden Türen nach außen. Miss Svensson trat hinaus, hatte die langen blonden Haare offen, trug einen hellblauen Rock und eine helle Bluse, einen Sonnenschirm in der Hand. Sie trat aus dem Zimmer und ging über die Platten durch den Garten. Sie wanderte zwischen den hohen Pflanzen und Hecken voller duftender Blumen. Ich beobachtete sie. Der Caporal mahnte mich einmal, beim zweiten Mal schlug er mich mit seinem Stock. Ich arbeitete weiter. Miss Svensson kam heran, wohl durch die laute Stimme des Caporals aufmerksam geworden. Sie sprach ihn an. Ihr Französisch war gut, in der Schule gelernt, oder auf einer langen Reise. Der Caporal stand stramm, begrüßte sie wie eine hochgestellte Persönlichkeit. Er ließ uns in einer Reihe antreten. Sie kam zu uns und erkundigte sich bei jedem einzelnen nach unserem Namen und ob wir gut behandelt werden würden. Wir schielten zum Caporal, der sanft den Stock in die Handfläche der linken Hand schlug. Wir alle sagten ihr natürlich, dass man uns gut behandeln würde. Ich sah ihr an, dass sie uns nicht recht glaubte. Als sie an mich herantrat, roch ich den Duft ihrer Haare und ihr zartes Parfüm. Nach all den Jahren ohne Kontakt zu Frauen warf es mich fast um. Ich senkte den Blick, konnte sie nicht ansehen. Ich beantwortete ihre Frage, sah auf meine Schuhe. Sie stellte mir eine weitere Frage nach meiner Herkunft. Ich blickte auf und sah in ihre klaren blauen Augen.

„Lyon!", murmelte ich. „Ich stamme aus Lyon!"

„Wie lange sind sie hier?"

Ich überlegte.

„Acht Jahre!"

„Und zu wieviel Jahren wurden sie verurteilt?"

„Fünfzehn!"

„Wie heißen Sie?"

„Jean, Jean Hougrotte!"

„Danke Ihnen, Monsieur Hougrotte!"

Ich war ihr dankbar, dass sie nicht nach dem Grund meiner Verurteilung fragte. Sie trat an den Mann neben mir. Ich sah sie an, ihr zartes Gesicht, die Adern an den Wangen und am Hals. Bekam nicht genug von ihr. Sie beendete ihre Gesprächsrunde und ging zum Haus zurück.

Vor dem Haus erwartete sie der Seeoffizier. Er bot ihr den Arm an und sie hakte sich nach kurzen Zögern ein. Er führte sie rechts um das Gebäude herum, vorbei an der verglasten Gebäudefassade. Ich wusste, dass der Gouverneur gerne in diesem Bereich saß, rauchte und auf das Meer hinausschaute. Ich hatte ihn mehrmals dabei beobachtet.

Unauffällig ergriff ich meinen Spaten und stellte mich einige Schritte entfernt auf, begann den Boden umzugraben. Dabei beobachtete ich Serge und Miss Svensson. Serge hatte sie in die Arme genommen und versuchte sie zu küssen. Miss Svensson wehrte sich, riss sich los und ging davon. Serge sah sich um. Ich hatte mich schon abgewandt und tat so, als würde ich graben. Nach einigen Augenblicken drehte ich mich vorsichtig um. Er starrte mich an, drehte sich abrupt um und ging davon. Der Blick, den er mir zugeworfen hatte, war eisig gewesen. Ich musste mich vor ihm hüten.

Am nächsten Tag arbeiteten wir im Garten, errichteten einen kleinen Pavillon, stellten Stühle und Bänke hinein. Später wurden wir in das Haus gerufen. Zwei

Angestellte des Gouverneurs waren krank, wir sollten die Bedienung der Gäste beim Essen übernehmen. Dazu erhielten Henry und ich steife weiße Jacken. Ein anderer Bediensteter erklärte uns kurz und bündig, wie Lunch oder Dinner ablaufen würde und wie wir uns verhalten sollten. Von welcher Seite wird wie bedient, was wird wann gereicht, wie und wo sind die Gabeln und Messer anzuordnen, ... nach der Stunde war ich mir sicher, dass der Abend ein Fiasko werden würde. Die Abläufe erschienen mir kompliziert.

Wir arbeiteten draußen weiter, bis es Zeit zum Dinner war. Wir gingen hinein, wuschen uns die Hände und zogen die Jacken an. Wir halfen den Bediensteten beim Tischedecken und folgten ihren Beispielen. An der Wandseite, gegenüber den bodenhohen Türen und Fenstern bauten wir das Buffet auf. Viele Dinge hatte ich jahrelang schon nicht gegessen. Der Magen knurrte beim Anblick der leckeren Speisen, aber ich ließ die Finger davon. Kein voller Magen war es wert, den Rest des Lebens im Sumpf zu verbringen.

Wir traten zurück, öffneten die Weinflaschen, rochen am Korken und steckten diese wieder in die Kübel. Der Geruch des Weines hatte mich an alte Zeiten erinnert, an Stunden in Restaurants mit hübschen Frauen, gutes Essen, guten Wein. Die Erinnerungen daran übermannten mich fast. Die Gäste trudelten langsam ein, Miss Svensson setzte sich, Serge neben sie.

Ich ließ meinen Blick über die Gesellschaft schweifen. Offiziere aus der Kolonie und vom Schiff, die Besucher und der Gouverneur mit Gattin. Die Gespräche entflammten über die Teufelsinsel, die angespannte politische Lage. Frau Svensson berichtete Serge von der Reise ins Innere. Die Straßen wirkten aufgeräumt und sauber.

'Unter jedem Meter liegt mindestens einer von uns! ' dachte ich, als ich ihren Ausführungen lauschte.

Sie hatte eines der Lager besucht. Natürlich das Vorzeigelager, unweit des Hauptortes. Dort wurde ihr das neue und saubere Krankenlager gezeigt, wo die Insassen pfleglich behandelt wurden. Sie würde nie die Camps im Sumpf sehen, wo täglich Leute starben. Die vier Besucher bekamen das zu sehen, was sie sehen sollten. Einer der vier Besucher war ein älterer Herr aus der Schweiz, der sich in einem Lob über die französische Justiz und die französische Lebensweise erging. Mir wurde fast schlecht, blieb aber ruhig. Wir servierten auf Anweisung des Chefbediensteten die ankommenden Gerichte von der rechten Seite, wortlos, traten wieder zurück in den Hintergrund. Nach dem Essen wurden noch Desserts gereicht, Mokka, die Herren holten ihre Zigaretten hervor. Wir servierten Kognak und Wein. Später zogen sich die Damen zurück. Serge bot Miss Svensson an, sie bis zum Zimmer zu begleiten, sie wehrte dankend ab. Dies zu sehen, bereitete mir Freude. In der kurzen Zeit hatte ich eine starke Abneigung gegen diesen Serge entwickelt. Es war ein komisches Gefühl, jemanden gegenüberzusehen, der mir so sehr ähnelte.

Die Gespräche der Herren kreisten um viele Themen. Die Unruhen in Frankreich wurden besprochen, die Gegebenheiten auf der Teufelsinsel, die Fahrten des Frachters. Das nächste Ziel des Dampfers war die nahe Hauptstadt, kaum eine Tagesreise entfernt.

Die Hauptstadt!

Davon wagte ich nicht zu träumen. Dort würde ich untertauchen, mir einen neuen Ausweis organisieren und zurück in die Heimat reisen können. Ein Traum. Mir schwindelte fast bei dem Gedanken, wieder durch die Straßen von Lyon wandern zu können. Die alten

Gebäude, die alten Freunde wiedersehen. Meine Eltern. Schwestern. Alle.

Die Gesellschaft löste sich auf. Wir wurden angewiesen, alles Geschirr abzuräumen. Serge rempelte mich an, auf meinem Tablett kippte eine Flasche Wein um und einige Tropfen fielen auf seine weiße Jacke.

„Pass auf, Kerl!", rief er aus und stieß mich zurück.

Für einen Augenblick wäre ich ihm am liebsten an die Gurgel gegangen, aber der Gedanke an den Sumpf hielt mich zurück. Ich murmelte eine Entschuldigung, trat zurück, richtete die Flasche auf, stellte das Tablett beiseite und wischte mit einem Tuch den Wein vom Boden auf.

Der Caporal schnauzte mich leise an. Auch ihm war klar, dass es nicht meine Schuld gewesen war, aber das war egal. Für ihn war ich nur eine Nummer, ein Verurteilter, dessen Schicksal ihn nicht interessierte.

Wir räumten alles auf, wischten den Tisch und den Boden auf. Dann wurden wir aus dem Haus geführt. Draußen gab es einen Zählappell. Auf dem Weg zur Unterkunft wies uns der Caporal an, in Zukunft noch vorsichtiger zu sein.

„Hougrotte!", rief er.

Ich trat zu ihm, stand stramm, den Hut abgenommen, die Hände an die Seiten der Hose gelegt, Hut in der linken Hand.

„Willst du wieder in den Sumpf?"

Ich schüttelte den Kopf.

„Dann halte dich sich von diesem Offizier fern, dem du Wein über die Jacke gegossen hast. Wenn der sich über dich beschwert, gehst du sofort zurück in den Sumpf! Sofort! Verstanden?"

Ich nickte.

„Los, verschwinde!"

Ich folgte den anderen in das Haus. An diesem Abend lag ich lange wach in der Hängematte. Der Tag hatte mich nachdenklich gemacht. Wie es mit meiner Zukunft aussah, das war unklar. Nach dem Besuch der Delegation ging es für uns wieder in den Sumpf zurück. Die anderen waren froh, dem entronnen zu sein. Sie machten sich keine Gedanken über ihre Zukunft. Zeit spielte keine Rolle mehr. Sie verloren ihre Vergangenheit, wussten nichts über die Zukunft, lebten nur im Hier und Jetzt. An sich waren sie zu beneiden. Wer weniger denkt, macht sich auf weniger Sorgen.

Früh am Morgen wurden wir geweckt, zogen nach der Morgentoilette unsere guten Jacken an, gingen wieder zum Gouverneurshaus. Jetzt am Morgen hing Nebel über dem Ufer, Pflanzen und Hecken traten undeutlich hervor. Ich erinnerte mich an die Zeiten in Lyon, wo wir als Ruderer morgens unterwegs waren. Die Flüsse hatten genauso ausgesehen. Ich wurde aus der Melancholie gerissen als mich der Caporal rief. Wir arbeiteten bis mittags am Ufer, reinigten die Umgebung von Unkraut und angeschwemmten Müll. Alles, was wir fanden oder jäteten, luden wir auf den Eselskarren und fuhren es weg. Erst am Abend hatten wir eine kurze Pause. Während die Wachen Wein in einer nahen Hütte tranken, setzten wir uns ans Ufer und sahen hinaus auf die Wellen. Gespräche begannen, bunte Erinnerungen an Gestern, an Familien, Geliebte, Träume von Freiheit füllten die Herzen. Bilder verschwammen, die Gespräche wurden einsilbiger, verstummten. Wir blieben sitzen, bis die Wachen wiederkamen. Wohin sollten wir auch fliehen? Diese Arbeit war die Beste seit vielen Jahren.

Wir dienten auch an diesem Abend wieder als Bedienstete, halfen beim Tischdecken, Servieren und Aufräumen. Serge war wieder da, er setzte sich auf den gleichen

Platz wie gestern und wartete auf Miss Svensson. Sie trat in Begleitung eines anderen Herren ein, in ein Gespräch vertieft und setzte sich weiter unten an den Tisch, entfernt von Serge, dem das gar nicht zu passen schien. Mir bereitete es Freude zu sehen, wie er innerlich schäumte und sich kaum beherrschen konnte. Miss Svensson beachtete ihn nicht, unterhielt sich mit dem jungen Mann ausgiebig. Beide lachten mehrmals. Serge schaute immer wieder mit finsterem Gesicht in ihre Richtung und trank mehr als er vertrug. Die Gespräche der Leute am Tisch drehten sich auch um die morgige Abreise der Besucher. Sie würden den Behörden ein gutes Zeugnis ausstellen, meinte der Schweizer. Die anderen Besucher stimmten zu, auch Frau Svensson. Morgen in der Frühe würden sie ein weiteres Camp aufsuchen, am späten Nachmittag würden sie ablegen. Morgens würde man ihnen beim Packen helfen. Die Damen erhoben sich und verließen den Raum. Aus Höflichkeit standen die Männer auf. Serge stand da, taumelte leicht. Als Miss Svensson die Tür erreichte rief er 'Miss Svensson'. Sie blieb kurz an der Tür stehen, drehte sich zu ihm, hob kurz die Hand, lächelte in die Runde und ging hinaus, ohne ihn eines weiteren Blickes zu würdigen. Wir räumten das Essgeschirr beiseite. Ein Gefangener kam Serge zu nahe, er blaffte ihn an, dass er sich fern von ihm halten sollte.

„Kanaille!", nannte er den Gefangenen.

Die anderen am Tisch schwiegen betroffen, nahmen die Gespräche wieder auf. Serge unterhielt sich einsilbig mit den anderen um ihn herum, stierte in sein Glas mit Absinth. Es war spät, als er aufstand. Die anderen Gäste hatten ebenfalls getrunken, aber bei weitem nicht so viel wie er. Zwei Gefangene halfen ihm beim Aufstehen. Ich tat zu ihnen und übernahm die Position des einen Mannes, der ihn stützte. So verließen wir den Salon und gingen den Gang entlang. Serge war sichtlich betrunken. Er konnte sich kaum auf den Beinen halten.

„Bringt mich zu Miss Svensson!", meinte er.

„Das werden wir nicht, Herr Leutnant!", meinte ich und wies mit einem Kopfnicken meinen Kollegen an, ebenfalls anzupacken. Wir brachten ihn zu seinem Zimmer, öffneten die Tür, schleppten ihn hinein, schlossen die Tür hinter uns, damit niemand das Geschehen hier im Zimmer mitbekam. Einen Aufruhr wollten wir unbedingt vermeiden, unser Wort gegen seines – es war klar, wem man glauben würde. Wir brachten ihn zum Bett. Er saß drauf, wir zogen ihm die Schuhe aus, seine Jacke hängte ich über eine Stuhllehne.

Plötzlich sprang er auf, drängte gegen uns.

„Lasst mich los, ihr Verbrecher!", sagte er. „Ich will zu Miss Svensson!"

Er packte mich, schob sein Gesicht eng an meins.

„Ich will, dass du mich zu Frau Svensson bringst, Kerl!"

Mit vereinten Kräften verfrachteten wir ihn in sein Bett, zogen ihm die Hose aus und deckten ihn zu. Wir waren froh, als wir auf dem Flur standen.

Der Caporal, der uns schon gesucht hatte, erschien und rief uns zu sich im Foyer. Zählappell, dann ging es in unsere Unterkunft.

Früh am nächsten Morgen waren wir wieder vor Ort, halfen den Herren und Damen beim Packen. Miss Svensson hielt sich auch beim Frühstück fern von Serge und sprach viel mit dem jungen Mann von gestern.

Serge war ungehalten, aß wenig, stocherte im Rührei. Kaum waren sie fertig, erhoben sich die Besucher und verließen den Raum. Wir räumten ab. Der Corporal wies uns an, das Gepäck an Bord des Dampfers zu tragen. Auch die Taschen von Serge, oder Leutnant de Maigret, wie er hieß, trugen wir an Bord. Ich merkte mir seine Kabine. Nr. 7 auf der Steuerbordseite. Miss Svensson hatte Kabine 12 auf der Backbordseite.

Wir brachten alles in den Räumen unter. Kurz trat ich in die Kabine von Serge, betrachtete die karge Einrichtung. An der Wand hing sein Diplom der Marineakademie. Daneben sein Degen und auch eine Pistole. Ich beließ alles so wie es war. Aus einer Laune heraus öffnete ich die Schubladen. Meine Intention war es gewesen, Geld zu finden. Ich fand einige Scheine und nahm sie an mich. Leider keine Waffe. Wir traten wieder an Deck und der Caporal scheuchte uns von Bord. Wir gingen das Fallreep hinab.

Im Haus des Gouverneurs trafen am frühen Nachmittag die Besucher wieder ein. Auch Serge war wieder da. Er hatte seinen Rausch endgültig ausgeschlafen, sich rasiert und sah in seiner Uniform adrett aus.

Miss Svensson konnte ihm schlecht ausweichen, er grüßte sie betont höflich und zurückhaltend. Zögernd nahm sie sein Angebot an, mit ihm einen Spaziergang zu machen. Sie gingen in Richtung der kleinen Hütte am Rande des Grundstückes, umgeben von dichten Hecken. In der Hütte gab es eine Bank, von der aus man einen guten Blick über das Meer hatte. Ich war gestern selbst dort gewesen, um die Hecken zu beschneiden. Aus einer Eingebung heraus folgte ich ihnen. Bald würden sie auf das Schiff gehen müssen.

Als ich der Hütte näherkam, hörte ich leise Stimmen. Miss Svensson beschwor Serge, sie jetzt gehen zu lassen. Er lachte leise. Ich bewegte mich heran, schlüpfte zwischen den Hecken hindurch. Sie standen in der Hütte, Serge eng an ihr, bedrängte sie, knöpfte ihr die Bluse auf. Sie versuchte ihn vergeblich zurückzudrängen. Serge hielt ihr auch den Mund zu während er sie an sich drückte. Beide fuhren herum, als sie mich sahen. Serge ließ Miss Svensson los, die sich losriss und davoneilte. Schon wollte er hinterher, als ich ihn ansprach.

„Der Verbrecher von gestern Abend!", rief er leise und kam drohend auf mich zu. „Du Kanaille wirst im Sumpf verrotten!"

Er sprang auf mich zu, ich wich aus. Er stolperte und fiel an mir vorbei zu Boden. Ich war sofort auf ihm. Er war stark, drehte sich um und würgte mich. Wir wälzten uns auf dem Boden. Mehrmals schlug er mir mit der linken Faust ins Gesicht. Meine Hand ertastete einen Stein der Beeteinfassung, schlug ihn gegen Serges Kopf. Der Griff lockerte sich, er kippte langsam zur Seite. Ich war über ihm, schlug noch drei Mal gegen seinen Kopf, spürte das Brechen von Knochen. Serge atmete aus, bewegte sich nicht mehr. Während ich neben ihm kauerte, versuchte ich mich zu beruhigen.

Die Schwere der Lage überfiel mich: Ich hatte einen Offizier umgebracht! Ich bekam bestenfalls lebenslänglich! Oder gleich Hinrichtung? Was sollte ich tun? Ich setzte mich auf. Die gesamte Schwere der Situation erfasste mich. Ich sah zu zum Toten. Seine Augen starrten in den Himmel

Der Seeoffizier ging langsam den Kai entlang. Die Mütze hatte er tief ins Gesicht gezogen. Er stieg leichtfüßig das Fallreep hinauf und ging zu seiner Kabine. Dort zog er sich um, trat wieder an Deck, in einer sauberen Uniform, mit Pflastern auf der linken Wange und auf der Stirn. Wegen der starken Sonnenstrahlung trug er eine Sonnenbrille.

So trat er an die Reling und beobachtete das Ablegen. Die Einheimischen winkten. Er sah die angetretenen Soldaten. Auch Gefangene waren da. Der Caporal zählte sie ab und geriet in Panik, lief auf und ab, schwenkte die Arme.

Das Schiff entfernte sich rasch vom Kai.

Auf See trat der Seeoffizier zur Miss Svensson, die ihn mit einem leisen Ruf begrüßte und zurückwich.

„Keine Angst, Miss Svensson!", sage der Offizier leise und nahm die Sonnenbrille ab. „Sie werden auf der Reise nicht mehr belästigt werden!"

Ihre Augen weiteten sich. Erkennen. Dann lächelte sie.

Sie reichte mir ihre Hand.

„Ich freue mich, dass sie mir auf dieser Fahrt zur Hauptstadt Gesellschaft leisten werden, ... Monsieur de Maigret."

Ich schüttelte ihre Hand.

Später würde vermeintlich meine Leiche, das Gesicht unkenntlich gemacht, an der Hütte im Wasser gefunden werden.

Ärger mit der Technik

„Verdammtes Fluggerät!", rief der Pilot aus. „Immer nur Ärger mit dieser verdammten Technik!"

Er stieg aus der Kanzel, stieg vom Flugdeck auf die Ebene darunter und ging um die großen gelben Auftriebstanks herum.

„Wir sinken stetig!", sagte er zum Techniker, der neben ihn getreten war.

„Wir sinken und wir wissen nicht, was uns unten auf der Erde erwartet. Seit drei Jahren sind wir schon hier oben und haben keinen Kontakt zu den da unten!"

Sie standen auf einem Gitterrost, das den mittleren Bereich des fliegenden Hotels umlief, begrenzt vom Aluminiumgerüst. Sie stiegen eine Treppe hinab und befanden sich an der Unterseite des Fluggerätes. In diesem Bereich waren große gelbe Behälter angebracht, auf denen stand: O2-AUFTRIEBSBEHÄLTER. Aus einigen entwich Luft.

„Gestern sind wir durch ein heftiges Unwetter geflogen. Blitzeinschläge haben einige der Auftriebsbehälter beschädigt, hoffe wir können die mit Bordmitteln reparieren."

Sie sicherten sich mit Karabinerhaken, die sie an längslaufenden Kabeln befestigten und traten auf dünne Bohlen. Unter ihnen waren Wolken und grenzenloser blauer Himmel. Weit unten war eine Landmasse. Der Wind pfiff heftig und sie fröstelten, trotz der dicken Kleidung. Der Pilot deutete auf drei Behälter. Es roch nach verschmortem Kunststoff. Luft strömte aus den Behältern heraus.

„Die drei sind abzudichten oder auszutauschen. Umgehend!"

„Dann lassen wir die drei hier ausblasen und bauen die anderen ein."

„Wir gehen runter!", rief der Pilot in das Sprechfunkgerät. „Die Blitze haben einige Auftriebseinheiten stark beschädigt."

Mit der einen Hand umklammerte er einen Griff, in der anderen hielt er sein Sprechfunkgerät.

„Frank, ich bin gerade unter den Auftriebskörpern. Mindestens drei hat es schwer erwischt. Wir verlieren Luft. Ich weiß nicht, wie wir das stoppen wollen. Klebe jetzt die Stellen zu, an die ich gelange. Wir werden drei Tanks austauschen müssen!"

„In Ordnung, James!", meldete sich Frank über das Funkgerät. „Wir sollten alles vermeiden, um runtergehen zu müssen. Wir wissen nicht, was uns dort unten erwartet. Es herrscht noch immer ein Bürgerkrieg!"

Der Pilot deutete nach unten, zur Landmasse.

„Beeilen sie sich, wir dürfen nicht weiter sinken, sonst haben wir Schwierigkeiten, auf dieser günstigen Luftströmung zu bleiben. Sagen Sie Robert Bescheid. Er muss das hier sofort mit ihnen erledigen."

Der Pilot ging zurück, während der Mechaniker sich an den Trägern zum besseren Halt festband und begann, die leckenden Behälter mit einer Masse zu verschmieren, die er mit einem Spachtel andrückte. Anschließend holte er ein breites Packband aus seiner Beintasche, das er über die zugeschmierten Risse klebte.

Auf der umlaufenden Balustrade begegnete ihm der zweite Techniker Robert. Er schickte ihn sofort nach unten zum andern. Er trat in das geräumige Cockpit. Fenster waren an allen Seiten angebracht, auch unten. Sie sahen durch den Boden nach unten bis zum Land. Der zweite Pilot Frank trank einen Kaffee. Er prüfte die Geräte vor ihm und sah auf, als der andere Pilot eintrat.

„Na, Pierre, wie sieht es aus?"

„Die Mechaniker müssen Behälter reparieren oder austauschen. Sonst werden wir abschmieren. Wie sieht es aus?"

„Wie groß ist die Sinkrate?"

„0,3 Meter pro Sekunde!"

„Höhe?"

„6.800 Meter. Bei der Geschwindigkeit sind wir in knapp sechs Stunden unten."

„Die beiden Techniker verkleben die Löcher, tauschen die Behälter aus. Dann pumpen wir sie wieder voll Luft und sorgen für den Auftrieb unseres fliegenden Hotels."

„Hast du dich noch nie nach dem Sinn der fliegenden Hotels gefragt?", erkundigte sich Frank.

„Die Hotelkette Ultimo Ratio wollte einen völlig anderen Weg gehen als alle anderen. Daher gibt es diese fliegenden Hotels, insgesamt fünf und es gibt Hotels auf dem Grunde einiger flacher Meere und an Meeresküsten.

Man sitzt am Fenster und kann durch die durchsichtige Trennwand die Meerestiere beobachten. Ich war auch mal in so einem Restaurant. Poseidon IV bei Kreta. Phantastisch. Und jetzt haben sie auch noch schwimmende Hotels gebaut, aus Stahl, Beton, Kunststoff. Dein Zimmer liegt direkt im Meer, quasi und das Hotel kann überallhin geschleppt werden. Davon haben die zehn gebaut und zu Wasser gebracht, hauptsächlich in Ozeanien und vor Australien."

„Wenn wir das hier nicht schnell geregelt kriegen, dann haben die nur noch zwei fliegende Hotels!"

„Ich sage den Passagieren Bescheid! Sag mir, wenn die Techniker das repariert haben. Wir müssen unsere Durchschnittshöhe von 8.000 Meter halten."

Pierre verließ das Cockpit und stieg hinauf auf die obere Plattform. Hier waren einfache leichte Kabinen mit viel Glas errichtet. Leute standen davor und unterhielten sich. Er trat zur Gruppe.

„Was ist los?", fragte einer der Passagiere, offensichtlich ein Araber.

„Wir haben im gestrigen Sturm einige Schäden erlitten und die reparieren wir gerade."

„Stürzen wir ab?", fragte eine üppige Blondine.

Pierre wusste aus den Unterlagen, dass sie ein kleines Licht am Broadway war, das der Filmproduzent auf vor einem Monat mitgebracht hatte. Ihre Oberweite sprengte fast die Bluse. Hier oben war es kalt und alle trugen dicke Kleidung. Aber alle genossen das klare Blau des Himmels. Deswegen waren sie alle hier. Das hier war ein langfristiger Flug, mindestens einen Monat lang genossen sie die Annehmlichkeiten des Hotels. Der Produzent war einen Monat hier und würde noch einen Monat bleiben, die anderen waren schon länger da und würden auch länger bleiben. Ein erfolgreicher Schriftsteller war darunter, der hier in der Einsamkeit der Höhe an seinen Büchern schrieb. Pierre ging in Gedanken die Passagiere durch: Der erfolgreiche Filmproduzent mit dem Starlet, der Schriftsteller, der Araber mit zwei jungen Frauen, zwei Internet-Geschäftsleute, die von hier aus ihr kleines Imperium kontrollierten, samt Ehefrauen. Plus ein älteres Ehepaar, das wohl die Lebensersparnisse für den Flug ausgab. Pierre mochte die beiden alten Herrschaften, die noch vom alten Schlag waren und ihn an seine Eltern erinnerten. Er berichtete den Passagieren von den anstehenden Arbeiten.

Frank meldete sich per Funkgerät. Er teilte Pierre mit, dass sie Kontakt mit einem Flugzeug hatten, das ihnen auf ihrer Flugroute entgegenkam und ausweichen würde. Er teilte es den Passagieren mit. Der Filmproduzent ging nach vorne, stand neben dem Cockpit und beobachtete mit einem Fernglas die Umgebung. Der Araber folgte ihm, alle anderen gingen zurück in die Unterkünfte. Pierre war an den Quartieren vorbeigegangen und hatte gehört, wie sich das Starlet die Hauptrolle im anstehenden Blockbuster-Film hart „erarbeiten" musste. Der Produzent nahm sie hart ran. Das galt auch für den Araber und seine beiden Mädels. Sie konnten kaum 18 Jahre alt sein. Wer weiß, woher er sie hatte. Sie waren gefügig und erfüllten ihm alle Wünsche.

In ihnen waren neben einem Schlafzimmer mit kleinen Arbeitsplatz noch ein Badezimmer mit Dusche und Toilette. Am Bug befand sich das Cockpit, am Heck der Antrieb mit großen Propellern. Die zahlreichen Windräder an der Seite des Hotels wurden durch die heftigen Winde hier oben angetrieben und erzeugten ausreichend Strom für das gesamte Hotel und den Antrieb. Dazu kamen Sonnenkollektoren an der Seite und auf der Oberseite der Unterkünfte. Das Wasser wurde recycelt und mit Regenwasser ergänzt, das auf dem ganzen Hotel gesammelt, in Auffangbehältern gereinigt und den Gästen zugeführt wurde. Die Unterseite bildeten die vielen Auftriebsbehälter. Man hatte darauf geachtet, möglichst viele zu haben, so dass bei der Beschädigung einiger der Auftrieb noch gegeben war und diese schnell ersetzt werden würden.

Das ganze fliegende Hotel war eine technische Meisterleistung und konnte lange autark arbeiten. Einziges Manko war das Essen. Es verbrauchte den größten Teil des Stauraumes. Sie hatten für etwa sechs Wochen dabei. Jetzt war ein Großteil aufgebraucht. In zwei Wochen würden sie wieder planmäßig tiefer gehen und die Ware in Empfang nehmen, geliefert durch große Drohnen.

Pierre trat nach vorne zum Filmproduzenten und dem Araber. Er schaute nach den Positionslichtern. Sie blinkten regelmäßig grün und rot und zeigten dadurch ihre Position an. Ihr automatisches Warnsystem teilte Flugzeugen und Towern laufend ihre Position mit. Global gesehen flogen sie immer auf der gleichen Position, über dem Herzen Afrikas. Tief unter ihnen verlief der mächtige Kongo. An Anfang hatte Pierre noch an das 'Buch Herz der Finsternis' von Joseph Conrad gedacht, in welchem der Protagonist auf dem Kongo dem alles beherrschenden Herrn Kurtz entgegenfuhr. Später hatte er sich nicht mehr darüber Gedanken gemacht. Die Routine überlagerte alles. Sie flogen auf einer Route, die nicht so häufig beflogen wurde. In weiter Ferne tauchte ein Punkt auf, der schnell größer wurde. Es war das Flugzeug. Es flog links an ihnen vorbei. Als die Frachtmaschine auf ihrer Höhe war, wackelte sie kurz mit den Flügeln. Sie winkten. Ob die Piloten sie ausgemacht hatten, war unklar.

Pierre ging zurück und wollte die Treppe zum Cockpit hinuntersteigen, als eine laute Explosion ertönte. Einer oder mehrere der Auftriebskörper mussten betroffen sein. Alle wurden durch die Druckwelle zu Boden geworfen. Pierre rappelte sich auf und eilte nach unten. Er blieb vor einem Loch im Boden stehen und hakte seinen Sicherheitsgürtel sofort im Geländer ein, einem Teil der tragenden Unterkonstruktion. Von den beiden Technikern fehlte jede Spur. Etliche Auftriebskörper waren explodiert. Vielleicht hatten sie hier geschweißt und waren mit der Flamme austretenden Luft in Berührung gekommen. Das war bei einem kleinen fast leeren Behälter passiert.

Der Techniker war damals auch mit der Schweißflamme der ausströmenden Luft zu nahegekommen. Die

Verpuffung war heftig gewesen und der Techniker erlitt einen Schock.

Pierre rief nach den beiden Technikern. Keine Antwort. Tief unter sich sah er den endlosen Dschungel Afrikas. Das Flugdeck legte sich schräg. Die Explosion hatte offensichtlich auch Propeller getroffen. Er kam wieder nach oben und beging das Flugdeck, schaute sich die Unterkünfte an, die Gitterroste. Frank versuchte das Flugdeck waagerecht zu halten. Pierre informierte die Fluggäste und bat sie, ihre Fallschirme anzulegen und sich vor den Unterkünften für alle Eventualitäten bereit zu halten. Nach dem Rundgang kehrte er zu Frank ins Cockpit zurück.

„Die beiden Techniker sind nicht aufzuspüren. Wahrscheinlich wurden sie bei der Explosion getötet. Wenn sie abgesprungen oder über Bord geweht worden wären, hätten sie die Fallschirme geöffnet oder die wären automatisch geöffnet worden. Nichts von ihnen war zu sehen. Wir haben einen der vier Antriebspropeller verloren. Bei der Explosion ist etwas durch die Rotorblätter geflogen und hat sie beschädigt. Etliche Auftriebskörper hat es erwischt und sie verlieren Luft. Die Fluggäste sind wohlauf. Sie stehen oben vor den Unterkünften und warten auf weitere Anweisungen."

„Wir sinken mit einem Meter pro Sekunde. Noch kann ich das Flugdeck halbwegs parallel halten, aber es wird immer schwieriger. Wenn wir nicht bald Auftrieb haben oder den Propeller nicht austauschen können, geht es steiler bergab als wir schauen können. Ich habe die Firma bereits über den Vorfall unterrichtet. Wir sollen vorgehen wie eben besprochen."

„Ich werde mal nach dem Ersatzpropeller schauen. Wir müssten noch mindestens zwei haben. Wo ist eigentlich Yukio?"

Yukio war der dritte Pilot, der sich jetzt ausruhte. Er übernahm die Nachtschicht. Jede Schicht dauerte 12 Stunden. Pierre nickte Frank zu. „Ich werde Yukio jetzt wecken."

Er trat aus dem Cockpit und ging hoch zum Flugdeck. Passagiere bestürmten ihn mit Fragen. Er beruhigte sie und trat dann an die vorderste Unterkunft. Er klopfte und öffnete die Tür. Yukio hatte wie immer tief und fest in seiner Hängematte geschlafen. Als das Flugdeck sich neigte, hatte sich die Position der Hängematte angepasst. Yukio war ein hervorragender Pilot, der japanisch, englisch, deutsch und Mandarin sprach. Yukio war aufgewacht, wahrscheinlich durch die Explosion und zog sich gerade an. Er knöpfte seinen blauen Overall zu und schaute auf, als Pierre eintrat.

„Hi Yukio, wir hatten eine Explosion unten bei den Auftriebskörpern und sinken. Zieh einen Fallschirm an. Man weiß nie!"

Yukio nickte. „Was kann ich machen?"

„Einer der Propeller ging kaputt. Du musst mir bei der Reparatur helfen."

Yukios dunkle Augen sahen ihn an.

„Wie schlimm ist es?"

„Wir sinken mit einem Meter pro Sekunde. Wir brauchen den vierten Propeller, dann können wir entgegensteuern und anschließend bringen wir neue Auftriebskörper an, die wir mit Seilen befestigen und füllen diese mit Luft für den notwendigen Auftrieb. Frank hat bereits die Firma kontaktiert und über den Vorfall informiert. Sie haben gesagt, dass wir wie geplant weiter vorgehen sollen."

Sie gingen hinaus, an den Passagieren vorbei ans Heck. Hier trennte sie ein Geländer von den sechs Propellern. Bei dem Propeller ganz links waren die sechs

Rotorblätter verbeult, ausgeschlagen. Die Piloten waren auch als Techniker ausgebildet worden. Yukio und Pierre öffneten das Geländer und sicherten sich daran, bevor sie an den Propeller ganz links traten. Sie öffneten die Abdeckung im Auge des Propellers und drehten mit einem großen Schraubenschlüssel die dicke Mutter raus und legten die Propellernabe frei. Sie nahmen den Propeller mit den verbogenen Rotoren ab und legten ihn vor dem Antrieb auf den Boden. Es handelte sich um eine Säule, die 1,40 Meter aus dem Boden ragte. Die Rotoren hatten einen Durchmesser von 2,20 Meter, die Rotoren hatten noch knapp 30 Zentimeter Abstand vom Boden. In den heftigen Winden war der Ausbau schwierig, der Wind riss an den Rotoren. Den neuen Propeller holten sie aus einer flachen Kiste hervor, führten ihn an die Säule heran und an ihr empor und ließen die Mitte auf die Nabe gleiten. Sie drehten die Schraube mittels des großen Schraubenschlüssels wieder fest, die letzten Male gemeinsam. Sie prüften den Leerlauf des Propellers, er funktionierte einwandfrei. Dann packten sie den zerstörten Propeller an das Geländer und banden ihn dort fest. Er passte nicht mehr in die ursprüngliche Vorrichtung in den Kasten.

„Ich bleibe hier, schalte du wieder ein!", meinte Pierre.

Yukio nickte und ging zu einem Schaltkasten, der in der Nähe an einem stabilen Rohr angebracht war. Er betätigte einen der Schalter und der Propeller sprang an, lief gut und lieferte die notwendige Energie.

Sie traten zurück. Yukio nickte Pierre zu.

„Jetzt können wir wieder Höhe gewinnen. Ich sage Frank Bescheid. Dann kümmern wir uns um den Auftrieb."

Pierre ging zu Frank ins Cockpit und teilte ihm die gute Nachricht mit. Sie besprachen die Anpassung der Geschwindigkeit.

„Die Flugplattform hat sich so weit stabilisiert, wir halten die Höhe von 5.200 Meter Wir warten die Strukturanalyse ab. Sie ist in wenigen Minuten fertig. Der Steuercomputer hat mitgeteilt, dass wir in einer bis anderthalb Stunden wieder die ursprüngliche Höhe erreichen können, wenn wir eine moderate Steigrate von 0,8 bis 1 Meter pro Sekunde ansetzen. Aber aufgrund des Zustandes des Flugdecks sollten wir es langsamer angehen lassen. Momentan kreuzen wir eine Luftstraße. Wir haben alle umgebenden Tower verständigt, die leiten den Flugverkehr um uns herum, bis wir wieder steigen. Alles abgestimmt. So muss das sein."

Frank dankte ihm und Pierre ging.

Während Pierre und Yukio sich um die leeren Behälter kümmerten, überblickte Frank die Anzeigen. Die Abbildungen der Propeller befand sich oben auf dem großen Monitor. Die Angaben waren im grünen Bereich. Frank lehnte sich in dem Rohrstuhl zurück.

Er spürte den Schlag nur kurz, der seinen Nacken traf und ihm sofort das Genick brach, und fiel mit dem Gesicht auf den Monitor. Er wurde zurückgezogen und Finger glitten über die Anzeigen.

Pierre und Yukio standen unweit der Propeller. Das Flugdeck hatte sich stabilisiert. Sie spürten, dass es langsam aufwärts ging. Sie banden leere Behälter mit Seilen zusammen. Mehrere hatten sie bereits mit einem Kompressor aufgeblasen. Die Behälter waren dabei größer geworden. Sie schwebten über ihren Köpfen. Das Gewicht von Yukio und Pierre hielt sie unten. Yukio lehnte gegen das Geländer, als es plötzlich nachgab. Er ließ das Seil los und fiel nach hinten. Mit den Händen klammerte er sich an den Auftriebskörpern fest, rutschte langsam daran herunter. Plötzlich hörte er einen Alarmton. Er wusste, was das bedeutete, und versuchte sich wieder nach oben zu ziehen. Unmittelbar vor ihm klappte ein Gitter auf und eine Rettungskapsel schoss auf ihn zu. Er wurde von der Kapsel mit voller Wucht getroffen und fiel hinab. Die Kapsel glitt hinaus, weg vom Flugdeck. Düsen hielten die Kapsel waagerecht, sie entfernte sich schnell. Pierre, der sich sofort auf das Deck geworfen und versucht hatte, Yukio festzuhalten, musste ansehen, wie dessen verdrehter Körper rasch dem Erdboden entgegenfiel.

Pierre sprang auf. Die Passagiere standen da. Sie trugen die üblichen dicken Kleidungen wegen der Kälte hier oben. Er lief das Flugdeck entlang. Überall standen die Bodengitter offen, die im Notfall den Zugang zu den Rettungskapsel ermöglichten. Jetzt waren alle abgesprengt worden. Er lief zum Cockpit, das tiefer als das Flugdeck lag, sprang die Treppe hinab und trat in den Bereich. Frank schien zu schlafen, sein Kopf war zur Seite geneigt. Er prüfte den Puls am Hals. Nichts.

Auf dem Monitor war die Anzeige für die Auslösung der Notkapseln aktiviert. Alle Andockstationen zeigten rot an, das Zeichen, dass die Kapseln abgesprengt waren. Blieben ihnen nur noch die Fallschirme, falls sie das Hotel verlassen mussten. Oder sie landeten das Hotel, möglichst sanft.

Pierre trat zurück, die ängstliche Susan erschien, klammerte sich an ihn, schrie erschrocken auf, als sie den Toten sah.

„Ist er tot?", schrie sie.

„Ja, er ist tot. Jetzt beruhigen Sie sich erst einmal."

Susan hielt sich an seinem Revers fest. Er spürte ihre großen festen Brüste und gewahrte, dass sein Penis anfing steif zu werden. Er löste ihren Griff und drückte sie zurück. Er führte sie nach oben, wo der Filmproduzent seine Arme tröstend um sie legte. Abbas mit seinen Begleiterinnen, der Schriftsteller und das ältere Paar standen da.

„Was ist passiert?" fragte der Filmproduzent.

Pierre erinnerte sich daran, dass er Martin hieß, Martin Karafioli.

„Frank ist tot!"

„Wie? ...Was?"

„Das weiß ich noch nicht!", sagte Pierre.

„Wo ist Yukio?"

„Er fiel vom Flugdeck und wurde von einer Rettungskapsel erwischt. Er ist wohl auch tot!"

Das ältere Ehepaar drückte sich eng zusammen. Der junge Schriftsteller wirkte ruhig.

„Und was machen wir jetzt?" fragte er.

Pierre zuckte mit den Achseln.

„Wir werden steigen, bis wir aus der Luftstraße raus und wieder auf 8.000 Meter sind. Ich habe den Computer entsprechend programmiert. Mal sehen, was wir noch machen können. Bleiben sie alle ruhig. Ich kümmere mich um alles und werde meinen Vorgesetzten hierüber informieren!"

Die Passagiere waren mit der Aussage nicht zufrieden. Die beiden Internetgeschäftsleute mit ihren Frauen traten vor.

„Wir werden uns über die ganze Sache hier bei ihren Vorgesetzten beschweren. Unglaublich, dass hier Morde passieren und sie so locker bleiben! Das werden wir publik machen! Das Hotel wird sich noch wundern!"

Sie gingen mit ihren Frauen zurück in die Unterkunft.

Der Schriftsteller kam zu ihm.

„Kann ich ihnen helfen?"

„Können sie eine Plattform fliegen?"

„Nein!" Er lachte. „Ich habe aber mal eine gute Geschichte über das Fliegen geschrieben!"

Pierre lächelte.

„Das reicht wohl nicht. Aber ich brauche Hilfe bei den Auftriebskörpern. Die müssen wir immer noch anbringen und befestigen!"

Er organisierte kleine zusammengefaltete Säcke, die er auseinanderfaltete und per Kompressor füllte. Dann zog er ein Seil durch den unten angebrachten Ring. So fädelten sie ein Dutzend Auftriebskörper zusammen und brachten sie mit Mühen an den Rand des Flugdecks. Sie packten das Seil an beiden Enden, ein jeder bewegte sich zum Ende des Flugdecks und sie brachten die Auftriebskörper an den Rand.

Mit den Seilen sicherten sie diese und stiegen die Treppen hinab bis unterhalb des Decks, wo noch immer ein großes Loch klaffte. Sie banden die Seile fest und gingen wieder nach oben. Pierre dankte dem Autor und ging nach vorne ins Cockpit.

Er legte Frank auf den Boden, machte Fotos und meldete sich über den Bordfunk bei seinem Vorgesetzten. Culkin befand sich in der afrikanischen Bodenstation in Ruanda, nahe bei Kigali, auf einem Plateau. Sie hatten das Gebiet gekauft – ausreichend Platz für eine Notlandung der fliegenden Plattform.

„Bodenstation von Hotel Charlie Bravo Kilo Kilo zwei zwei drei, bitte melden!"

„Hier Bodenstation!", meldete sich Culkin.

„Cory, wir haben hier ein großes Problem!"

Pierre berichtete ihm von der Explosion, von Yukios Tod und wie er Frank gefunden hatte. Er berichtete von den Auftriebskörpern, die er mit dem Schriftsteller angebracht hatte. Erst jetzt viel ihm auf, wie geschickt der

Autor das Seil verknotet hatte. Sie ein alter Seemann. Hatte er darüber auch mal eine Geschichte geschrieben?

„Was sollen wir machen, Cory? Bei Dir landen und alles in Ruhe untersuchen lassen?"

„Macht euch auf den Weg zu uns, wir bereiten alles für eure Landung vor. Mit dem angeschlagenen Flugdeck und den abgesprengten Kapseln gehe ich kein Risiko ein. Wir landen das Hotel hier. Wenn es schlimmer wird, schicken wir Drohnen, die alle abholen werden."

„Wir kommen zu euch, dann sehen wir weiter! Dazu brauchen wir aber noch einen Tag mindestens. Wir sind noch über dem Kongo und fliegen jetzt östlich."

„Verstanden. Melde Dich regelmäßig. In den nächsten Stunden wird es über dem Kongo einen heftigen Sturm geben. Pass auf dich und die Kunden auf!"

Pierre überprüfte alle Computerangaben. Alles lief einwandfrei. Er stellte das Flugziel neu ein. Die Karte zeigte den Kongo, wo sie sich aufhielten und die umgebenden Länder. Er tippte auf Kigali und dann auf einen gelben Punkt neben der Stadt, danebenstand „HQ AFRIKA". Aus dem Symbol für die fliegende Plattform führte ein Pfeil zum HQ. Die Plattform drehte sich unmerklich und folgte dem neuen Flugziel. Auf der Karte kam der Hinweis auf das neue Flugziel, Entfernung, durchschnittliche Geschwindigkeit, die Ankunftszeit. Er bestätigte die Angaben durch Drücken auf einen Ok- Button unter den Angaben.

Er verließ das enge Cockpit, schob die Türen zusammen, drückte den Code, ging zurück zum Flugdeck. Der Schriftsteller stand noch oben und lächelte ihn an.

„Mit ihnen ist es nicht langweilig!", meinte er. „Was kommt jetzt? Kann ich Ihnen noch helfen?"

Pierre schüttelte den Kopf.

„Danke für die Hilfe. Ich muss einmal alles prüfen!"

Susan kam ebenfalls aus der Unterkunft. Martin rief sie zurück, aber sie hörte nicht.

„Haben Sie neue Informationen was hier eigentlich los ist? Ich habe Angst!"

„Sie müssen keine Angst haben, Miss…"

„Susan!", sagte sie.

„Ok, du musst keine Angst haben, Susan. Wir haben alles im Griff!"

„Wir?"

Er zuckte mit den Schultern.

„Ok. Ich!"

„Das beruhigt mich. Was machen sie jetzt?"

„Ich muss erst einmal alles prüfen. Ein Sturm soll aufkommen! Und alles muss gesichert sein!"

„Sollen wir mitkommen und helfen?", fragte Susan.

Pierre winkte ab.

„Nein, Danke für das Angebot. Was soll hier schon passieren? Das Schlimmste sollte schon vorbei sein!"

Wie sollte er ihr beibringen, dass hier offensichtlich ein Mörder unter ihnen war. Jemand, der Frank mit Schlägen das Genick gebrochen und Yukio durch das Auslösen aller Notkapseln getötet hatte. Er sah sich um, ging an den Unterkünften vorbei. Bei Abbas waren die Vorhänge offen. Er sah, wie Abbas auf dem Bett lag, eine der jungen Damen befriedigte ihn oral, bei der anderen knabberte er an ihren Busen und befingerte sie. Abbas bemerkte ihn und zwinkerte ihm zu.

Die beiden nachfolgenden Unterkünften der Internet-Leute waren vollständig abgedunkelt. Er sah das Licht von Laptops durch die Vorhänge scheinen. Offensichtlich arbeiteten beide. Er ging weiter. Die Tür zum Filmproduzenten war einen Spalt offen. Er hörte, wie sich Susan mit Martin stritten. Der Vorhang der Unterkunft der älteren Menschen war offen. Sie saßen am Tisch und tranken Tee und winkten ihm zu. Er winkte ihnen und blieb kurz an der Unterkunft des Schriftstellers stehen. In Zeiten von Internet und Laptop bevorzugte der junge Mann eine altertümliche Schreibmaschine. Er hörte es klappern. Auch hier war der Vorhang nicht zugezogen. Der junge Mann saß am Schreibtisch und tippte. Er sah auf, als er Pierres Schritte auf dem Gitterrost hörte, grinste und hob den Daumen. Pierre klopfte an das Glas. Der junge Mann öffnete. Pierre reichte ihm die Hand.

„Danke für die Hilfe. Mein Name ist Pierre!"

„Arthur!", meinte der junge Mann.

„Wie läuft das Schreiben?"

Arthur zuckte mit den Achseln.

„Könnte besser laufen. Meine Geschichte läuft nicht so wie gedacht. Der Held wird das Mädel wohl doch nicht bekommen. Kann ich helfen?"

Pierre wies nach hinten.

„Ich schaue mir das Flugdeck an. Ich brauche jemand, der hier nach dem Rechten sieht. Als meine Augen sozusagen."

Arthur grinste.

„Da werde ich noch Dr. Watson, Mr. Sherlock Holmes!"

Beide mussten trotz der Situation lachen. Arthur zog seine dicke Jacke an und trat hinaus. Susan stand auch da, mit dicker Jacke und einer Mütze.

„Was machen Sie jetzt, Pierre?"

„Ich gehe runter und schaue mal nach, ob ich unten jemanden finden kann. Bleiben Sie hier, Arthur passt auf sie alle auf!"

„Da muss ich meine Handtasche holen!", sagte sie.

Pierre ging weiter. Wie überall so gab es auch hier Treppenstufen nach unten zur Unterseite des Decks. Auch hier waren viele gelbe Kunststoffbehälter und -

säcke mit dem Aufdruck 'Auftriebskörper'. Dazwischen weitere Stege. Viel Platz, um sich oder etwas zu verstecken. Pierre wusste, dass jemand, der sich hier auskannte, nur schwer gefunden werden konnte. Er nahm eine kurze Eisenstange und schlug gegen das Gestänge. Vielleicht würde sich so jemand zeigen. Wenn es einer der Passagiere war, konnte er hier lange suchen. Aber er wollte alles versuchen, um den Mörder zu finden. Das war er Frank und Yukio schuldig.

Pierre umrundete das Flugdeck. Hier waren die aufgeblasenen Ersatzbehälter. Er besah sich die Behälter und drehte sich um, wollte zurückgehen.

„Halt!", ertönte hinter ihm.

Er drehte sich um. Robert stand dort auf der anderen Seite der beschädigten Stelle auf gleicher Höhe wie er und richtete eine Waffe auf ihn.

„Was…? Wir kommt es, dass du noch lebst? Dachte du bist auch tot, wie James."

Robert sah ihn an. Die Waffe in seinen Händen richtete sich auf Pierres Magen.

„Warum machst du das?"

„Du hast es nicht verstanden, Pierre. Es geht hier um viel Geld. Die Mutterfirma der fliegenden Hotels hat sich verspekuliert und dabei Millionen von Dollars verloren. Sie haben nur noch die Lizenzen für die Hotels, sowohl für die unter Wasser als auch für die in der Luft. Ihr größter Konkurrent will die Lizenzen haben. Deswegen die Unfälle in anderen Hotels, die unteren Etagen in einem Südseehotel wurden geflutet – Menschen wurden verletzt oder starben. Jetzt hier eine Explosion. Und der Wert der Lizenzen fällt ins Bodenlose. Dann werden sie billig aufgekauft. Wenn dieses Hotel abstürzt, werde ich als Einziger überleben. Die Leichen der anderen werden in den Unterkünften gefunden werden. Leider Pierre, werden auch alle Piloten sterben. Frank und Yukio sind schon tot, du fehlst noch!"

Pierre wich zurück. Er spürte den Luftzug im Rücken.

„Warum hast du nicht alles in die Luft gesprengt? Das Ende der fliegenden Hotels?"

Robert schüttelte den Kopf und lächelte.

„Es war wichtig, dass die Fluggäste täglich über das Internet verbreiten, wie unsicher das Hotel ist. Die sind ein guter Multiplikator. Millionen lesen deren Blogs, die Nachrichten verbreiten sich im Internet wie ein Waldbrand.

Die anderen fliegenden Hotels mussten landen. Die Lizenzen sind wieder billiger geworden. Ich erhalte mein Geld unabhängig von den Lizenzen. Eines ist klar: Wenn die Lizenzen weiter fallen, erhalte ich einen guten Bonus!"

„Die werden dich genauso loswerden wie uns!"

Robert schüttele erneut den Kopf.

„Mein Lohn wurde zu Zweidritteln schon auf mein Konto überwiesen. Ich habe es sofort per Internet auf zehn Kontos verteilt, kann von überall aus darauf zugreifen. So, genug geredet."

Er richtete seine Waffe auf Pierre und spannte den Hammer.

„Deine Leiche wird unten im Dschungel gefunden werden, verrottet, vergessen. Niemand wird sich wundern, warum hier eine Leiche liegt. Unter uns tobt ein Bürgerkrieg So viele Menschen sterben täglich hier in Afrika. Einer mehr oder weniger...sorry Pierre."

Er richtete die Waffe auf Pierre. Der wollte schon springen und lieber unten aufschlagen oder hoffen, dass sich der automatische Fallschirm öffnen und seinen Fall verlangsamen würde.

Schuss.

Roberts Kopf explodierte förmlich. Der Lauf der Waffe zuckte nach unten, ein Schuss löste sich, verfehlte Pierre um viele Meter.

Die dralle Blondine des Filmproduzenten erschien hinter Robert, eine großkalibrige Pistole in der rechten Hand. Mit der linken hielt sie sich an einem der Träger fest.

Robert kippte nach vorne und fiel nach unten.

Pierre sah die Frau an. Susan wies mit dem Lauf der Waffe nach oben. Sie stiegen auf ihren Seilen empor. Die anderen Gäste standen vor ihren Unterkünften. Der junge Schriftsteller stand mit einer Waffe da, wies die anderen an, in ihre Kabinen zurückzutreten.

„Alles klar?“, meinte er zu Susan.

„Ja, Arthur, alles klar!“

Sie winkten Pierre heran. Er kam zu ihnen. Sie richtete die Waffe auf den Araber.

„Sie haben ausgespielt, Mr. Abbas!“, meinte Susan. „Wir wurden vom Hotel angestellt, um hier aufzupassen. Mails wurden geprüft. Die Anweisungen für Robert waren sehr gut darin verborgen. Sie haben viele Aktien des Konkurrenten aufgekauft und haben eine Kaufoption für die Aktien des Mutterkonzernes ausgestellt. Robert hat für sie gearbeitet. Sie hätten mit ihm zusammen das Fliegende Hotel verlassen und alle hier sterben lassen. Vielleicht hätten Sie auch ihn getötet. Aber alles hier ist aufgeflogen. Auf der Erde wissen viele Leute von Ihrem Geschäftsgebaren und werden sie fertigmachen.“

Sie zeigte auf die beiden jungen Frauen neben Abbas.

„Und die beiden Damen hätten sie zusammen mit dem Hotel sterben lassen, wenn sie sich gerettet hätten!“

Eine der beiden Begleiterinnen des Arabers stellte sich vor ihn und gab ihm eine schallende Ohrfeige. Die andere folgte ihrem Beispiel. Er machte eine Bewegung und der Autor richtete die Waffe auf ihn.

„Sie können früher nach unten kommen, als sie denken, Mr. Abbas!"

Die Fluggäste standen da, wie vom Donner gerührt. Susan stellte sich vor den Filmproduzenten.

„Ich kündige, Martin. Und der Sex mit dir war 'ne Katastrophe. Deine Frau weiß Bescheid, Fotos sind ihr und ihren Rechtsanwälten schon zugegangen. Du kannst bestenfalls noch Karten in einem Kino abreißen. Alles hier wurde publik gemacht!"

Pierre lachte.

April

Glücksboten

Wir betraten das Krankenzimmer. Das Kind lag mit vielen Schläuchen versehen auf dem Bett, klein und reglos. Als wir hereinkamen, sah es uns an. Es hatte große dunkle traurige Augen. Sie leuchteten auf, als sie Helen als Elfe gekleidet sahen, in einem hellen Seidenkleid mit einer großen Krone und einem langen Zauberstab. Ich ging hinter ihr her, wie ein Zwerg gekleidet und trug einen Korb.

„Hallo kleiner Engel! Wir sind hier für dich, Brian!", meinte sie zu dem Kind. Wir lasen immer die Namen der Kinder, bevor wir deren Zimmer betraten.

Brian war 6, litt unter einem unheilbaren Gehirntumor.

'Keine Chance! ' hatte die Chefärztin vor dem Eintritt gesagt. „Bestenfalls noch Monate, eher Wochen!"

Obwohl wir den Job schon lange machten und es uns zur wichtigen Aufgabe geworden war, Licht in die Dunkelheit von sterbenden oder kranken Kindern zu bringen, war es immer ein Schmerz, tief in uns, wenn wir wussten, dass ein Kind bald würde sterben müssen.

Eltern sollten niemals ihre Kinder beerdigen müssen! War ein Ausspruch von Helen gewesen.

Nur hier in den Krankenhäusern und Hospizen, die wir besuchten, war es unumgänglich, sich mit dem Thema zu befassen. Helen kümmerte sich rührend um die Kinder. Die Ärzte und Schwestern in den Hospizen und Krankenhäusern sahen sie gerne. Helen war Mitte vierzig, geschieden, leider kinderlos geblieben, mit einem großen Herz für die kleinen Patienten.

Sie beugte sich zu Brian hinab und reichte ihm ein Auto, das er mit kraftlosen Fingern annahm.

„Hier, etwas für dich, Brian."

„Danke!", sagte er schwach.

An der Wand hinter ihm piepte eine Maschine leise, hielt ihn am Leben. Durch die vielen Jahre war mir klar, dass die Maschine ihn mit frischem Blut versorgte. Der Krebs hatte sein Blut zerstört. Ich war jedes Mal froh, wenn ich ein solches Zimmer wieder verlassen konnte. Manchmal war es überwältigend. Aus meinem Korb holte ich eine kleine Schokolade, gelb eingepackt. Ich zeigte es Brian und legte es auf den Tisch neben seinem Bett. Er dankte auch mir. Wir blieben noch kurz im Zimmer, Helen sprach ihm Trost zu.

Draußen atmeten wir beide durch. Langsam gingen wir zum nächsten Zimmer.

„Hier ist Tamara, 9 Jahre alt, sie hatte einen Autounfall, ihre inneren Organe wurden schwer beschädigt. Heilungschancen gleich Null! Wir versuchen alles, um es ihr zu erleichtern! Ihre Eltern sind bei ihr!", meinte die Chefärztin leise zu uns.

Die Kinder und Eltern sollten wir nicht aufregen. Helen und ich nickten. Ich drehte den Korb und suchte nach etwas passendem für eine 9-Jährige.

Im Zimmer saßen ihre Eltern am Bett und hielten die Hände ihrer Tochter. Alle waren ruhig. Sie sahen Helen an, die lächelnd den Raum betrat und alle grüßte. Tamara versuchte zu lächeln, die Eltern saßen wie versteinert da. Sie sahen Helen und mich nur an. Helen trat an das Bett heran. Die Mutter auf ihrer Seite blieb auf dem Bett sitzen und machte keine Anstalten, sich ein bisschen zu bewegen.

Helen sprach zu Tamara und Eltern Trost zu, ich reichte Helen eine Puppe, die sie Tamara gab. Von mir erhielt sie eine Schokolade, diesmal in rot, passend zur Farbe des Puppenkleides. Die Eltern blieben stumm, auch, als Helen sie direkt ansprach. Nach einem peinlichen Moment der Stille verabschiedete sich Helen lächelnd von Tamara und ging mit mir hinaus.

So machten wir es weiter bis zum Mittag. Wir zogen uns im Umkleideraum um, packten unsere Kleidung sorgfältig in Taschen und traten auf den Gang, wo uns die Chefärztin erwartete und uns zum Lunch einlud. Die Taschen nahmen wir mit.

Im Lift tauschten wir nur wenige Worte aus. In der Kantine stellten wir uns nach ihr an, suchten uns etwas aus, sie bezahlte für uns alle drei und wir setzten uns an einen der freien Tische.

„Für uns sind sie wahre Glücksboten!", meinte die Ärztin. McCluskey stand auf dem Namensschild.

„Sie bringen Licht in die Dunkelheit der Kinder und der Familien. Sie erleichtern uns die Arbeit ungemein! Nach ihren Besuchen sind die Kinder offener, umgänglicher. Auch wenn eines von ihnen dann sterben muss, so sehen wir oft ein Lächeln auf den Gesichtern der Kinder, wenn sie sanft einschlafen. Auch die Eltern sind angetan von ihrer Arbeit. Sie tun das ehrenamtlich und sie zum Essen einzuladen ist das Mindeste, was wir für sie tun können. Wenn wir Spielzeug geschenkt bekommen, so werden wir es an sie geben zur Verteilung an die Kinder!"

Ich kannte diese Sätze aus anderen Krankenhäusern. Immer und immer wieder. Wir machten das aus der Hoffnung heraus, etwas für die Kinder zu tun, ihnen den Abschied erleichtern zu können. Sie sollten in Frieden in den Himmel kommen und dort ihre Schmerzen abstreifen. McCluskey würde unsere Beweggründe nicht verstehen. Wie sollte sie auch?

Höflichkeitsfloskeln beendeten das Essen. Die Ärztin verließ uns, Helen und ich blieben noch sitzen. In Ruhe aßen wir zu Ende und verließen das Krankenhaus.

Wie immer fuhr ich Helen nachhause. Früher einmal hatten wir eine Affäre gehabt, aber das war nur ein kurzes Aufflackern von Leidenschaft gewesen. Wir beide hatten erkannt, dass es nicht das Richtige war, und wir arbeiteten nur noch streng professionell miteinander. Ich hielt vor ich ihrem Haus, sie gab mir einen Kuss auf die Wange und ich fuhr weiter. Kaufte kurz bei einem 24/7 Laden ein.

Den Wagen stellte ich vor meinem Haus ab, ein kleines Haus in einer Seitenstraße. Hier gab es nur wenig Verkehr, weiter unten war eine verlassene Werkstatt. Zwei aufgebockte Autos standen davor. Ich packte den Einkauf vom Rücksitz und ging zum Haus, schloss auf und trat ein. Kurzer Flur, rechts die Küche. Stellte die Sachen in ihr ab, trat ins Wohnzimmer. Eine Couch, zwei Sessel, Fernseher. Das übliche. Wenn man von der mannshohen Figur absah, die an der einen Wandseite stand. Sie stellte einen Engel oder ein anderes geflügeltes Wesen dar. Das Gesicht war breit und groß, auf dem Kopf thronten zwei Hörner, die der aufgerissene Mund zeigten, Hauer. Der ganze Körper war durchtrainiert, viel mehr Muskeln als bei einem Menschen möglich. In der rechten Hand hielt die Gestalt ein riesiges Schwert. Ich trat zu ihr, holte ein Feuerzeug aus der Hosentasche, zündete es an und machte ein Zeichen in der Luft mit meiner rechten Hand.

Die Gestalt straffte sich, richtete sich auf, breitete die Flügel aus. Das Gesicht mit den Hauern beugte sich zu mir herunter.

„Wie viele?", fragte die Gestalt, die Stimme war kalt und guttural.

Ich hob die linke Hand und das Abbild des Krankenhauses, in dem wir heute waren, erschien in der Luft. Ich drehte meine Hand und das Modell des Krankenhauses folgte der Drehung. Tippte ich mit der anderen Hand auf die Zimmer, die wir besucht hatten und nannte die Namen und deren Krankheiten.

„Zimmer 121, Brian, 6, Gehirntumor, 1 Monat. Tamara, 9, innere Verletzungen, 1 Woche, …"

So gingen wir die Patienten durch, der Engel des Todes merkte sich alles.

„Wir werden unserem Vater wieder viele Seelen bringen, oh Engel des Todes! Schon im alten Ägypten haben die Israeliten dir reichlich Beute geliefert. Dabei half ihnen kein Gott. Sie hatten mit dem Teufel einen Handel abgeschlossen und es nicht mal begriffen. Ich verteile die Schokolade an die Kinder. Gelb bedeutet einen Monat, rot eine Woche Restleben."

Das 3D-Abbild des Krankenhauses erlosch. Der Engel des Todes nickte und stellte sich wieder an die Wand. Ich ging ins Badezimmer und sah in den Spiegel. Dann nahm ich die Gesichtsmaske ab und die Linsen. Aus dem Spiegel strahlte mich ein rotes Gesicht an, die Augen reptilienhaft, senkrechte Pupillen.

Andere Länder - Andere Sitten

2011 war ich in Indien, Himalaya-Gebirge, zu einer vierwöchigen Ayurveda-Kur. Wir waren zu viert dort unterwegs. Die anderen drei waren schon eine Woche vor mir dort eingetroffen.

Meine Freundin und ich gingen in den nächsten Ort. Sie brauchte eine Aluminiumkiste, um ihre Sachen sicher darin verstaut und abgeschlossen im Ashram unterbringen zu können. Sie reiste dort regelmäßig hin und wollte wichtige Utensilien in einem der Lagerräume verstauen, wo auch schon mehr als drei Dutzend andere Besucher ihr Material unterbrachten. Wir fuhren mit einem Taxi in den nächsten Ort. Die Einheimischen erkannten uns natürlich sofort als Fremde. Wir trugen die gleiche Kleidung wie sie. Natürlich verriet uns die Hautfarbe.

Wir gingen die Hauptstraße entlang, besahen uns das reichhaltige Angebot an Obst, Gemüse und anderen Esswaren. Alles Tabu für uns. Wir ernährten uns von Ingwertee, Dal mit Reis und anderen einfachen Mahlzeiten. Wir unterwarfen uns den Vorgaben des Arztes und der Betreuenden. Wir wurden täglich massiert und meine Begleiter erhielten zusätzlich Einläufe. Bei mir war es schon ätzend genug, wurde morgens richtig durchgeknetet, fast brutal. Zuerst mit Öl, dann mit Sand. Bis auf die Knochen. Es war mehr als unangenehm und ich war jedes Mal froh, wenn ich anschließend für eine Viertelstunde in eine Schwitzkiste ging und noch 30 Minuten eingewickelt auf einer Liege lag. Es tat mir gut. Der Arzt hatte mir erklärt, dass die Behandlung in drei Phasen ablaufen wird:

1.) Lockerung der Muskeln und inneren Organe, um die „schlechten" eingelagerten Stoffe zum

2.) zum Magen zu transportieren und

3.) es durch Abführen aus dem Körper auszuschwemmen. Ich war bei Stufe 1, in der kommenden Woche würde es zu Phase 2 übergehen.

Wir fanden vor einem Laden Aluminiumkisten, die meiner Freundin gefielen. Sie trat ein. Vor dem Geschäft hockten drei Männer um einen alten Fernseher, Bild flackerte. Cricket. Ich verstand das Spiel nicht wirklich, stellte mich aber nach kurzem Gruß dazu. Anscheinend spielte Indien gegen seinen Erzrivalen Pakistan und die Inder gewannen offensichtlich. Jeder Schlag der beiden Männer in der Mitte mit den breiten Schlägern wurde von den Dreien lautstark bejubelt.

Langsam erschloss sich mir das Spiel. Ich jubelte mit den anderen dreien. Sie hatten mich wohl akzeptiert, sie rückten auf der Bank zusammen und boten mir den Platz an. Nickte und setzte mich. Wenig später kam meine Freundin raus. „Ich habe die Kiste gekauft!", sagte sie.

Schicksalsergeben erhob ich mich, dankte den dreien und trat in das Geschäft. An den Wänden und links und rechts vom Eingang waren Alukisten in verschiedenen Größen gestapelt. Am Schalter hingen Schlösser in verschiedenen Größen, mit Schlüsseln und Zahlencode.

Sie zeigte auf eine Alukiste neben dem Schalter.

„Die habe ich gekauft. Die muss nur zum Taxi!"

Ich nickte wieder und ergriff die Kiste. Sie bezahlte und ich trug die Kiste auf die Veranda vor dem Geschäft. Die drei vor dem Fernseher drehten sich zu mir herum.

„You see!", sagte ich zu den Dreien und nickte auf meine Freundin und dann auf mich. „Cash and carry!"

Alle drei lachten.

Ich trug die Kiste zum nächsten Taxi und wir fuhren hoch zum Ashram.

Andere Länder, andere Sitten – und doch bleibt vieles gleich.

Rheinspaziergang

„Komm, ich zeige dir die Stelle, wo ich sie zuletzt sah!"

Er nahm die Hand der widerstrebenden Frau und ging mit ihr hinunter zum Rheinufer. Der breite Fluss war an dieser Stelle tief und schnellfließend. Schmale Landzungen, aus Flusssteinen aufgeschüttet, ragten zehn Meter in das Wasser. Der Mann ging mit der Frau eine Landzunge entlang und erreichte das Ende. Sie standen dicht am Ufer und sahen hinab auf die Wasseroberfläche.

„Was ist genau mit einer Schwester passiert?"

„Sie ist hier ins Wasser gegangen."

„Wurde sie gefunden?"

Der Mann sah sie an, dann auf die Wasseroberfläche.

„Sie wurde nicht gefunden. Die Leute haben Boote eingesetzt, aber sie konnten sie nicht finden."

„Das ist ja schrecklich!", sagte sie.

„Wie geht es dir damit, dass du deine Schwester verloren hast? "Ich habe sie nicht verloren!", sagte der Mann. „Sie wollte wohl nicht mehr gefunden werden."

Beide standen eng beieinander. Er legte den Arm um sie und hielt sie fest. Unter ihnen kräuselte sich die Wasseroberfläche. Sie erblickten einen Schatten, der ihnen entgegenkam. Die Frau legte die Hand vor den Mund, als sie begriff, dass ihr eine menschliche Gestalt entgegenschwamm. Der Oberkörper einer Frau durchbrach die Wasseroberfläche, lange dunkelgrüne verfilzte Haare, schuppige Haut, große dunkle Augen ohne Pupille blickten sie an.

„Hallo Schwester!", meinte der Mann, packte die Frau und stieß sie ins Wasser. „Hier ist ein weiteres Opfer für dich!"

Die Frau stieß einen lauten Schrei aus, ging unter, kam hoch, prustete, strampelte, wollte zurück ans Land. Die Wassergestalt packte sie von hinten und zog sie unter Wasser. Sie gewahrte noch die Gestalt eines Satyrs, der am Ufer stand und ihr winkte.

Mai

Bindungen

Piep … Piep…Piep…

Das Gerät über dem Krankenbett blinkte periodisch. Das Atemgerät versorgte den Patienten über eine durchsichtige Gesichtsmaske mit frischer Luft. Er lag apathisch auf dem Bett, der magere Körper unter der Bettdecke verborgen, die langen dünnen Arme mit den überlangen Fingern auf der Bettdecke ausgestreckt. Unter der Maske war ein mageres Gesicht mit eingefallenen Wangen, große Augen starrten an die Decke.

Magdalena saß am Fußende des Bettes und betrachtete den Menschen. Sie versuchte alles in sich aufzunehmen, jede kleine Bewegung, jede Tätigkeit der Maschine. Sie atmete tief und langsam, um sich zu beruhigen. Das Gespräch mit dem behandelnden Arzt in seinem Büro hatte sie aufgewühlt. Sie hatte anschließend geweint. Im WC hatte sie sich das Gesicht gewaschen. Manfred sollte sie so nicht sehen. Sie wollte fröhlich sein und ihm Kraft geben. Dabei hätte sie heute jemanden gebraucht, der ihr selbst Kraft und Halt geben konnte. Sie hatte mit ihrem Bruder gesprochen, der ihr nahestand und sie aufmunterte.

„Du weißt, dass er es so wollte. Es ist das Beste für ihn. Da sind wir uns doch alle einig gewesen!", hatte er ihr am Telefon gesagt. Und noch mehr, dass er zu ihr hielte und jetzt gerne bei ihr gewesen wäre. Jetzt müsste sie stark sein, auch für Manfred.

Der behandelnde Arzt kam herein und nickte ihr zu. Magdalena stand auf, trat neben ihn rechts an das Bett. Er zeigte ihr, welche Knöpfe sie drücken musste. Während sie mit der linken Hand Manfreds Hand festhielt, schaltete sie die Maschinen ab. Das Geräusch der Beatmungsmaschine stoppte, plötzliche Stille füllte das Zimmer. Sie sah in Manfreds Gesicht. Der Arzt war auf die andere Seite des Bettes getreten und nahm ihm die Maske ab. Magdalena küsste seine Stirn. Die Augen flackerten. Er sah sie an, schloss und öffnete die Lider, schloss sie wieder.

„Gehe voran, Manfred, und warte drüben auf mich. Schlafe sanft ein. Ich liebe dich!"

Manfreds Körper wurde geschüttelt, er lief blau an.

„Es ist gleich vorbei!", meinte der Arzt und prüfte den Puls des Mannes am Handgelenk.

Er blickte auf die Anzeige des Herzschlages und des Pulses. Die Schläge wurden weniger, die Linie verflachte, wurde zu einer flachen durchgezogenen Linie.

„Er hat es jetzt hinter sich, Frau Schmidt!", sagte der Arzt. „Wo immer er auch jetzt ist, er hat es bestimmt besser als das hier!", und deutete auf das Zimmer.

Magdalena nickte und weinte. Sie ließ Manfred nicht los, hielt seine Hand fest als könnte sie ihn noch spüren. Die Hand war schlaff und leblos. Sie legte die Hand sanft auf das Bett ab.

„Jetzt hast du es hinter dir!", sagte sie und strich ihm die wirren Haare aus dem Gesicht.

Manfred hasste es, zum Friseur zu gehen. Jetzt…

Magdalena trat zurück und sah auf ihn. Der Arzt auf der anderen Seite des Bettes blickte zu ihr.

„Frau Schmidt, Sie haben das Richtige für ihn getan!"

Magdalena blickte den Arzt an.

„Ob wir das Richtige getan haben, weiß ich nicht. Aber er sollte nicht mehr so leiden. Seit mehr als 6 Monaten liegt er hier im Bett und siecht dahin. Der Mann, den ich geheiratet habe, ist schon lange verschwunden. Zurück bleibt eine Hülle. Ich trage ihn für immer in meinem Herzen!"

Die Worte waren aus ihr herausgeprudelt, Anspannung der letzten Wochen und Monate fiel von ihr ab, wie schwere Steine. Sie straffte sich.

„Vielen Dank für ihre Hilfe, Herr Ostanowski!", meinte Magdalena. „Was geschieht jetzt mit ihm?"

„Haben Sie schon alles für die Beerdigung vorbereitet?"

„Ja. Sobald wir die offizielle Sterbeurkunde erhalten, werde ich den Bestatter anrufen. Wenn wir die Unterlagen heute erhalten, wird er morgen hier vor Ort sein und Manfred..." - sie stockte - „... den Toten mitnehmen."

Magdalena war selbst erstaunt und erschrocken vom Abstand zu dem Mann, dem Toten...Manfred. Der Mann, den sie geliebt und geheiratet hatte, war verschwunden. Für immer.

„Wir füllen gleich die Sterbeurkunde aus. Sie können ihn dann morgen abholen lassen! Sie wissen ja, wo mein Büro ist!",

Der Arzt verließ das Zimmer. Sie nickte und nahm ihr Handy aus der Jackentasche. Zuerst rief sie ihren Bruder an.

„Hallo Dominik, Magda hier. Ja. Es ist vorbei. Wir haben die Maschinen ausgeschaltet, und er ist eingeschlafen, ohne dass er wieder richtig wach war. Er wird wohl kaum etwas gespürt haben. Kurz schien er mir noch zu blinzeln. Vielleicht auch Einbildung. Auf alle Fälle ist es jetzt besser für ihn, wo er ist, viel besser als dieses Zimmer." Pause. „Ja, ich rufe gleich den Bestatter an. Sagst du den Eltern und seinen Freunden Bescheid? Sie sollen auch nicht hierherkommen. Ich werde allen mitteilen, wann die Beerdigung stattfindet. Auch keine Beileidsbekundungen im Krankenhaus. Er hatte klare Anweisungen gegeben, bevor er schwer krank wurde und nicht mehr richtig reden konnte. Ja, ... Danke für deine Hilfe... Ja, ... alles gut bei mir. Ich bin mit mir im Reinen. Manfred und ich hatten uns lange über diese Themen besprochen. Es war für ihn klar, dass er bald würde gehen müssen. Er hatte auch alles in seinem Testament geregelt, das Ausschalten der Maschinen, die Trauerfeier, die Musik dazu, einfach alles, ... Danke dir, ich melde mich, falls ich etwas brauche!"

Magdalena rief ihre Kinder an, die ihr Trost und Beileid bekundeten. Manfred war ein sehr beliebter Mensch gewesen, fuhr Motorrad und war Fußballschiedsrichter. Die zwei Kinder hatten ihn sehr gerne gehabt, auch wenn es manchmal Reibereien gegeben hatte.

Später ging Magdalena in das Büro des Arztes, die Tür stand offen. Ostanowski saß hinter dem Schreibtisch und füllte Papiere aus. Als sie eintrat, blickte er auf und lächelte sie an. Er bot ihr einen Platz an. Sie setzte sich und er reichte ihre Papiere.

„Hier sind die Unterlagen, die sie benötigen. Sterbeurkunde, Totenschein, alle medizinische Unterlagen. Sie können den Bestatter anrufen und Ihren Mann abholen lassen, Frau Schmidt!"

Sie nahm die Papiere an und dankte ihm.

„Ich werde Manfred Vormittag abholen lassen."

Sie stand auf, gab ihm die Hand und verließ das Büro. Draußen auf dem Gang rief sie den Bestatter an, mit dem sie schon alles abgesprochen hatte.

„Hallo Herr Baumeister, hier Frau Schmidt... Ja, er ist heute von uns gegangen...ja, ich habe alle Papiere. Wann kommen sie ihn abholen?... In Ordnung. Morgen um 10 Uhr geht in Ordnung, bin dann auch da. Ja, Danke für ihre Hilfe, Herr Baumeister. Wir sehen uns dann morgen früh hier... Ja, Zimmer Drei Siebzehn." Sie schaltete das Handy aus und steckte es weg. Dann ging sie zurück zum Raum, wo Manfred lag. Eine Schwester war da und löste die Kabel vom Körper, zog die Kanüle raus und löste ihn vollständig von den Geräten, schaltete diese aus und rollte sie aus dem Zimmer. Sie begrüßte Magdalena durch ein Kopfnicken und arbeitete ruhig und schnell. Nach wenigen Minuten waren alle Geräte entfernt. Manfreds Arme lagen ausgestreckt neben seinem Körper. Sie trat ans Bett und ergriff eine Hand. Sie weinte und ließ es geschehen. Bilder anderer, früherer Zeiten, mit Manfred in ihrem Haus, häufige Urlaube in Dänemark, drängten nach oben. Sie schloss die Augen und lächelte, als sie durch die Bilder ging, die Umarmungen, Lachen, Wetter, …

Am nächsten Morgen um 09:30 Uhr wartete Magdalena vor dem Krankenzimmer auf die Mitarbeiter des Beerdigungsinstitutes. Manfreds Körper lag unter einem weißen Laken, die Arme lagen darunter. Sie hatte eine Vase und einen bunten Blumenstrauß mitgebracht und stellte beides neben dem Bett auf dem Beistelltisch ab.

Jemand klopfte an die Tür. Sie öffnete. Zwei Männer in dunklen Anzügen lächelten sie an, mit einem einfachen Sarg auf einem Transportgestell hinter sich. Sie stellten sich als die Herrn Krüger und Karnetta vor, Mitarbeiter des Beerdigungsinstitutes. Magdalena gab ihnen die Hand. Sie schoben den einfachen Sarg neben den Toten und hievten ihn mithilfe des Lakens, auf dem er lag, langsam und behutsam in den Sarg. Das ging leicht, am Ende hatte Manfred kaum 50 Kilogramm gewogen.

Sie legten den Deckel auf und schoben ihn hinaus. Im Gang begegneten ihnen wenige Leute. Mit dem Bettenlift fuhren sie in die Tiefgarage. Ihr Leichenwagen war in der Nähe des Lifts geparkt. Sie sollten dorthin, öffneten die Heckklappe und schoben den Sarg hinein. Sie sicherten ihn mit breiten Riemen.

Herr Krüger wandte sich an Magdalena.

„Frau Schmidt, wir bringen Ihren Mann jetzt zum Institut, wie sie mit Herrn Baumeister abgesprochen haben. Wir parken auf der Rückseite des Gebäudes, sie können vorne auf dem Gästeparkplatz halten. Herr Baumeister erwartet sie bereits."

Sie nickte und die beiden stiegen ein, Magdalena ging zu ihrem Wagen. Sie folgte dem Beerdigungswagen aus der Tiefgarage auf die Straße. Während der Fahrt telefonierte sie mit ihren Kindern und einigen Freunden, regelte noch einiges für die Beerdigung und die anschließende Feier.

Am Beerdigungsinstitut fuhr der Wagen auf die Rückseite des Gebäudes. Magdalena hielt auf dem Gästeparkplatz und ging hinein. Herr Baumeister stand zwischen den Särgen und begrüßte sie. Er lächelte. Magdalena fragte sich, wie er zu seinem Beruf gekommen war, schob den Gedanken beiseite.

„Schön, dass sie da sind, Frau Schmidt. Sie haben ihren Gatten begleitet. Meine Mitarbeiter betten ihren Mann um. Er wird gleich hereingebracht werden."

Er machte eine einladende Handbewegung und sie gingen in den Raum, in dem Särge ausgestellt waren. Nach kurzer Zeit erschienen die beiden Mitarbeiter, die Manfred im Krankenhaus abgeholt hatten, mit dem Sarg, in den sie ihn hineingelegt hatten. Herr Baumeister hatte ihr erklärt, dass es bei einer Feuerbestattung keinen Sinn machen würde, einen teuren Sarg auszusuchen. Manfred sollte in dem Sarg verbrannt werden, in dem er jetzt gebettet war. Der Deckel lag locker oben auf. Sie schoben den Sarg an sie heran. Herr Baumeister fragte sie, ob sie ihren Ehemann noch einmal sehen wollte. Sie nickte und er wies die beiden Männer an, den Deckel abzunehmen. Sie traten mit dem Deckel zurück. Herr Baumeister trat auch dezent zurück, stand da, mit überkreuzten Händen Magdalena blickte in das Gesicht, lächelte. Dann nickte sie den beiden Männern und Herrn Baumeister zu und sie legten den Deckel wieder auf den Sarg. Manfred wollte immer verbrannt und in einer Urne beigesetzt werden. 'Damit sich niemand um mein Grab kümmern muss! ' pflegte er zu sagen und hatte dabei gelacht.

Herr Baumeister wies die beiden Männer an, den Sarg in den Raum zur Aufbewahrung zu schieben.

Er führte Magdalena in sein Büro, wo sie sich an seinen Schreibtisch setzten. Sie unterschrieb mehrere Erklärungen.

„Wir können ihren Gatten wie erbeten morgen ins Krematorium bringen. Welche Urne haben sie ausgesucht?"

Er ging mit Magdalena in das angrenzende Zimmer, wo Urnen auf Wandregalen standen. Sie ging zielstrebig auf eine elfenbeinfarbene Urne mit blauen Intarsien.

„Die hier!", meinte sie.

Der Bestatter nickte.

„In Ordnung. Wir werden die Einäscherung im Krematorium morgen früh gegen 9 Uhr durchführen. Seien sie gegen Viertel vor Neun hier. Sie werden wie besprochen dem Prozess beiwohnen. Die Bestattung haben wir dann für 11 Uhr in vier Tagen vorgesehen. Sie bringen die Musik mit, wie von ihnen gewünscht, am besten eine CD. Haben sie noch Fragen?"

Sie schüttelte den Kopf.

Der Bestatter sprach leise und ruhig, wahrscheinlich die beste Art, mit trauernden Verwandten umzugehen. „Dann sehen wir uns morgen früh, Frau Schmidt!"

Magdalena ging zum Auto und setzte sich. Sie legte die Hände auf das Lenkrad, hielt inne. Sie schloss die Augen und dachte an Manfred, erinnerte sich an sein Lachen, seine Küsse, seine Hände auf ihrem Körper. Es war ein tolles Gefühl der Geborgenheit gewesen, in seinen starken Armen zu liegen. Die Welt draußen war weit weg, sie fühlte sich beschützt und sicher. Ein Gefühl, dass sie zuvor sehr lange vermisst hatte. Sie fuhr heim.

Am Abend kamen die drei Kinder zu ihr. Thomas, der jüngste, war gerade 20 geworden und lebte in einer kleinen Wohnung in der Nähe. Sie bezahlte seine Miete, dafür reichte ihr Gehalt aus. Die anderen beiden – Jennifer und Elias – kamen später. Sie wohnten in anderen Städten. Alle drei drückten die Mutter. Als alle Kinder da waren bildeten sie mit der Mutter einen Kreis und sie weinten, und keiner schämte sich dafür. Danach trockneten sie ihre Tränen, Magdalena kochte Kaffee und Tee. Sie setzten sich ins Wohnzimmer.

„Wie geht es weiter?", fragte Elias.

„Morgen früh wird Manfred eingeäschert. Dann bleibt die Urne beim Institut, die Beerdigung ist in vier Tagen um 11 Uhr. Er wird in einem kleinen Grab an einem Baum beigesetzt. Ich werde es an alle Freunde und Verwandte schicken. Anschließend werden wir hier einen kleinen Umtrunk halten. Wir werden auf einem Computer Fotos und Filme von Manfred laufen lassen. Als Erinnerung."

„So wie in „Philadelphia" mit Tom Hanks", meinte der Filmfan Thomas.

Er hatte sich rege mit Manfred über Filme ausgetauscht. Sie hatten einen ähnlichen Film-Geschmack: Klassiker wie 'Der Pate', 'Casablanca', 'Mit Arsen und Spitzenhäubchen', aber auch moderne wie 'Terminator',

'Predator', 'Die Killer Elite', 'Getaway', 'Majestyk', 'Bladerunner', 'Star Wars', 'Spiel mir das Lied vom Tod', 'The Wild Bunch', 'Pat Garrett jagt Billy the Kid', und viele mehr. Manfred hatte eine umfangreiche DVD-Sammlung gehabt und sie alle nach den Filmtiteln alphabetisch sortiert. Als er krank wurde und wusste, dass er nicht zurückkommen würde, hatte er seine Sammlung Thomas vermacht.

Thomas nickte.

„Ich werde mich darum kümmern. Wo sind die ganzen Fotos von Manfred und Dir? Dann kann ich da schon was zusammenstellen."

Magdalena holte ihren Laptop, stellte ihn auf den niedrigen Couchtisch ab. Sie zeigte Thomas, wo die ganzen Fotos abgelegt waren. Sie gingen sie gemeinsam durch. Sie erinnerte sich und die Kinder an die gemeinsamen Urlaube. Sie erzählten sich Anekdoten und lachten. Das tat gut. Wärme und Liebe füllte ihre Herzen. Sie packten die ausgewählten Fotos in eine Datei. Thomas war zufrieden, steckte einen USB-Stick in den Laptop und kopierte alle Fotos der ausgewählten Datei darauf.

Am Abend gingen die Kinder. Jennifer hatte angeboten, über Nacht bei Magdalena zu bleiben, sie lehnte ab. Nachdem die Kinder gegangen waren, genoss sie eine heiße Badewanne, schloss die Augen, genoss die Wärme. Plötzlich begann sie zu weinen. Die Anspannung der letzten Tage fiel von ihr ab. Sie weinte einfach hemmungslos. Irgendwann versiegten ihre Tränen und ihr Körper wurde geschüttelt. Es wurde ihr kalt und sie ließ heißes Wasser in die Wanne nachlaufen. Sie beruhigte sich langsam, atmete tief ein und aus und wurde ruhiger, ihr Puls ging ruhiger. Nach einer weiteren Stunde verließ sie die Badewanne und ging ins Bett, das ihr nun größer erschien. Sie hatte Manfred lange gepflegt. Sein Bettzeug hatte sie abgezogen und gewaschen und auf seiner Seite sauber gefaltet, als er ins Krankenhaus kam. Sein Zustand verschlechterte sich rapide, bis er nur noch durch die Maschinen am Leben gehalten wurde. Sie hatte dem Arzt die Patientenverfügung und die Vollmacht und das Testament vorgelegt. Eindeutig war festgelegt, dass im Falle einer Verschlechterung seines Zustandes keine lebensverlängernden Maßnahmen durchgeführt werden sollten. Magdalena hatte das mit dem behandelnden Arzt besprochen und alle Maßnahmen abgestimmt. Bevor Manfred seine Besinnung verlor, hatte er sie darum gebeten, ihn nicht unnötig leiden zu lassen. Das hatte er auch immer wieder in Anwesenheit des Chefarztes gesagt und ihm das Versprechen abgenommen, dass er ihn nicht leiden lassen würde. Unter keinen Umständen. Und Sie hatte seinen Wunsch erfüllt. Aus Liebe zu ihm. Die Liebe hatte sie stark gemacht, stark genug, ihn auf seinem letzten Weg zu begleiten.

Früh am nächsten Morgen stand Magdalena auf. Sie hatte gestern zu Beginn des Krankenhausbesuches auf der Arbeit angerufen und sich für heute freigenommen. Die Sekretärin wusste um ihre Umstände und hatte sofort bestätigt, dass sie alle notwendigen Schritte unternehmen würde. Magdalena rief heute Morgen noch mal an und teilte der Sekretärin mit, dass Manfred gestern verstorben war und dass heute seine Einäscherung wäre. Manfreds Beisetzung wäre dann in drei Tagen um 11 Uhr. Sie wollte keine Beileidsbekundungen oder Teilnahmen an der privaten Beisetzung. Ihre Sekretärin würde alles in die Wege leiten. Sie erinnerte an die Aufführung in drei Tagen am Nachmittag. Sie versprach da zu sein. Sie wollte aber keine Rede halten wie sonst üblich. Das sollte ihre Stellvertreterin machen.

Die Sekretärin sollte sie vorab informieren, Magdalena würde später bei ihr anrufen.

8:30 Uhr war Magdalena beim Krematorium. Es lag am Ende einer Sackgasse im Industriegebiet. Sie wurde vom Inhaber empfangen und in den hinteren Bereich geführt. Dort war Manfreds Sarg aufgebahrt.

„Sie können noch einmal in Ruhr Abschied nehmen!", sagte Herr Baumeister und ließ Magdalena für eine Viertelstunde allein.

Er kam mit zwei Mitarbeitern zurück. Während er Magdalena zu einem anderen Raum begleitete, wo zwei Fenster an einer Wand Ausblick auf eine Rampe freigaben, die längs zum Fenster lief, schoben die beiden Mitarbeiter den Sarg langsam hinaus.

„Wenn sie möchten, können sie hier anwesend sein. Wir werden den Sarg ihres Mannes auf die Rampe bringen. Dann senkt sich die Haube ab. Sie werden keine Flammen sehen, aber unter der Haube erfolgt die Einäscherung. Es wird an sich nichts übrigbleiben. Bei der hohen Temperatur wird alles verbrannt werden, auch der Sarg.

Übrig bleibt lediglich Asche, die wir in die Urne packen werden. Möchten sie der Prozedur beiwohnen oder in einem Büro warten, bis es vorbei ist? Das wird knapp eine halbe Stunde dauern."

Er lächelte sie an.

Magdalena schüttelte den Kopf.

„Ich bleibe hier!"

Der Mann nickte, sprach in ein Funkgerät und wenig später schoben zwei Mitarbeiter Manfreds Sarg von rechts auf die Rampe. Bis er in etwa in der Mitte zwischen den beiden Fenstern war. Sie traten zurück an die Wand. Die Flammen an der Unterseite des Sarges wurden größer auf, die Haube senkte sich hinab.

Magdalena stellte sich vor, wie die Flammen langsam höher schlugen und alles verzehrten. Als letztes würde das Gesicht verbrennen. Nach einer halben Stunde kam Herr Baumeister wieder hinein.

„Die Einäscherung ist beendet. Wenn sie mich begleiten, können wir in meinem Büro die Formalitäten und Abläufe abstimmen. Wir müssen uns eine Stunde gedulden, bis die Asche heruntergekühlt ist. Dann können wir die Urne mit der Asche füllen."

Sie gingen in sein Büro. Sie blickte in den Garten mit bunten Blumen in gepflegten Beeten. Der Inhaber bot ihr etwas zu trinken ein. Sie wollte einen Kaffee. Er trat an die hohe Kaffeemaschine in der Ecke und stellte eine Tasse unter. Nach wenigen Augenblicken servierte er ihr eine Tasse dampfenden Kaffees, sie lehnte Zucker und Milch ab.

Sie besprachen den Ablauf der Beisetzung. Der Bestatter würde sie dann mitbringen und alles weitere vorbereiten und sich noch mal mit dem Priester abstimmen.

Zur angegebenen Zeit trat ein Mitarbeiter ein und stellte die Urne auf den Schreibtisch vor ihm ab. Er dankte ihm. Magdalena betrachtete die Urne und legte die Hand vorsichtig an. Die Asche strahlte noch Wärme nach außen ab.

Dann stand sie auf.

„Danke für all ihre Hilfe, Herr Baumeister!", sagte sie.

Herr Baumeister war aufgestanden und nahm vorsichtig die Urne an sich und begleitete sie aus dem Büro in den Vorraum. Sie gingen durch den Raum mit Sargen. An einer Vitrine, deren Glas von innen mit schwarzem Samt ausgeschlagen war, blieben sie stehen. Er stellte die Urne in ein offenes Fach und schloss die Tür. Sie gingen hinaus auf den Parkplatz. Magdalena dankte ihm noch einmal und stieg ein.

Immer wieder erinnerte sie sich an Manfreds Gesicht, an seine warmen großen Hände, wenn sie ihr Gesicht streichelten. Sie spürte fast die Wärme seiner Hände. Fast wäre sie einem Auto aufgefahren, weil sie sich in einem Tagtraum verlor.

Schlagartig wurde sie wieder klar, ihr Herz raste, dann begriff sie erst, dass sie das Bremspedal voll durchgedrückt hatte. Sie atmete tief und versuchte ihr Herz zu beruhigen und es gelang ihr langsam.

Zuhause angekommen stellte sie sich vor, dass sie die Urne neben Manfreds Foto auf dem Kamin aufgestellt hätte. Sie begann die Bude aufzuräumen. Immer wieder hielt sie inne und sah zum Kamin hinüber. Dann lächelte sie und machte weiter.

Am nächsten Morgen stand Magdalena früh auf. Wie üblich stellte sie zwei Gedecke auf den Küchentisch und goss sich Kaffee ein. Schon wollte sie auch Kaffee in die zweite Tasse einschenken, hielt inne, stellte die Kaffeekanne weg. Sie beendete das Frühstück und machte sich bereit.

Auf der Arbeit erwartete sie eine aufgeräumte Sekretärin, die sie freundlich zurückhaltend begrüßte.

„Guten Morgen, Stefanie!", begrüßte sie Magdalena, als sie in das Vorzimmer ihres Büros eintrat.

Stefanie war eine dralle Blondine mit strengem Haarknoten und dunkler Hornbrille. Sie strahlte eine starke unterschwellige Sexualität aus, die alle Männer anzog. Aber Stefanie spielte nur mit ihnen. Sie lebte allein mit ihren Katzen und genoss es.

Stefanie stand auf und kam um den Schreibtisch herum, zu Magdalena. Ungelenk sagte sie „Beileid" und nach einem merkwürdigen Moment der Ruhe nahm sie

Magdalena kurz in den Arm. Sie kannten sich lange. Das machte Stefanie zum ersten Mal bei Magdalena. Trotz aller Freundlichkeiten hatte es immer einen natürlichen Abstand zwischen ihnen gegeben.

Stefanie öffnete die Tür zu Magdalenas Büro und ließ sie eintreten. Auf ihrem Schreibtisch thronte eine große Vase mit einem bunten Blumenstrauß. Sie sah Stefanie an.

„Das ist von Karin!"

Magdalena nickte, dankte Stefanie und trat in Karins Büro ein. Karin war eine lustige Rothaarige, die immer einen frechen Witz kannte. Jetzt stand Karin auf, als sie eintrat, kam schnell um den Tisch herum, breitete die Arme aus und nahm sie in den Arm.

„Beileid, Magda. Ich kann dir gar nicht sagen, wie sehr ich das alles bedauere. Manfred war ein toller Mensch gewesen!"

Magdalena nickte.

„Danke für den Blumenstrauß!"

„Das ist doch selbstverständlich, Magda. Wann ist die Beerdigung?"

„In drei Tagen. Elf Uhr. Ich möchte, dass er nur im Kreis der Familie und engsten Freunde beigesetzt wird."

Stefanie schwieg, drückte sie noch einmal.

„Wollen wir den Tagesplan durchgehen?"

Stefanie bejahte.

„Ich komme gleich mit dem Plan in dein Büro. Wir haben alles auf dem Plan festgehalten, was wichtig ist."

„Ich danke dir. Dann sprechen wir bei mir den Tagesplan durch!"

Gemeinsam gingen sie in Magdalenas Büro und stellten sich an die Tafel, auf der die einzelnen Klassen, die Fächer und Betreuer eingetragen waren, die den Unterricht halten sollten. Links standen die Namen der Lehrer in Gelb. Darunter die Namen der kranken Lehrer auf grünen Plättchen. Unter der Matrix stand noch: Ungewöhnliche Aktivitäten. Da war für den Tag von Manfreds Beerdigung gegen 14 Uhr die Feier angesetzt.

Magdalena starrte auf das Plättchen mit FEIER.

„Da brauchst du nicht hier zu sein. Wir kriegen das auch ohne dich hin, Magda!"

Magdalena betrachtete die Übersicht.

„Das sieht richtig gut aus, Karin. Ich werde mich etwas rausziehen aus der ganzen Sache. Das Schulfest ist mir eine Herzensangelegenheit, aber ich werde es nicht schaffen, nach der Feier hier zu erscheinen und fröhliche Stimmung zu verbreiten."

„Das erwartet auch niemand von dir, Magda. Bleib am besten die nächsten Tage zuhause. Wir kriegen das hier auch ohne dich geregelt. Es sind hier in unserer Betreuungseinheit momentan 62 Kinder. Alles gut. Wir haben das im Griff. Am Tag der Feier werden wie immer auch viele Eltern sein. Wir alle werden an dich denken!"

Magdalenas Augen füllten sich mit Tränen. Sie trat ans Fenster und sah hinaus auf den Parkplatz, wo ihr Wagen stand, und trocknete das Gesicht.

Karin blieb noch einen Moment stehen.

„Wenn du mich brauchst – ich bin drüben!"

Magdalena nickte nur, blieb am Fenster stehen und sah hinaus. Einige Autos fuhren auf den Platz. Wie immer war Herr Günther zu spät. Fast täglich begann er um 08:15 Uhr mit dem Unterricht statt um 08:10 Uhr.

Der Rest des Tages glitt an Magda vorbei. Sie hielt sich aus den Besprechungen heraus, Karin vertrat sie. Sie besprachen einige Personalien und entschieden weiteres Vorgehen bei einigen Kindern.

Die meisten Telefonate wimmelte Stefanie ab oder leitete sie an Karin weiter. Nur wichtige stellte sie direkt durch. Magdalena riss sich zusammen. Niemand außerhalb ihres Kreises sollte merken, wie es ihr ging. Sie war immer so gewesen, ein Stehaufmännchen. So hatte ihr Vater sie immer genannt, wenn sie als kleines Kind hinfiel und sich wieder aufraffte.

Am Nachmittag fuhr Magdalena heim.

Sie machte einen langen Spaziergang durch den nahen Wald und schaltete das Handy aus. Als sie heimkam, schaltete sie das Handy wieder ein. Mehrere Anrufe. Sie ging die Namen durch und rief Manfreds besten Freund Henry an. Henry war ein genauso begeisterter Motorradfahrer wie Manfred. Sie hatten viel an den Maschinen geschraubt. Henry wusste erst nicht, was er sagen sollte, und dann brach es aus ihm heraus, wie sehr er Manfred vermissen werde und dass er ihr, egal um was es ging, immer helfen würde. Magdalena dankte ihm für sein Angebot und versprach, darauf zurückzukommen, wenn die Notwendigkeit bestand. Sie sprachen noch über die anstehende Beisetzung und wie diese ablaufen sollte. Sie besprach mit Henry, dass er nach der Beisetzung mit den anderen eingeladenen Gästen am Abend gegen 18 Uhr zu einem Umtrunk bei ihr kommen sollte. Er sollte seine Freundin mitbringen. Manfred hatte gesagt, dass er ein zwangloses Treffen haben wollte, auf der diejenigen zusammenkommen sollten, die ihm etwas bedeuteten und denen er etwas bedeutete. Henry versprach rechtzeitig da zu sein. Er würde auch noch etwas zur Beisetzung mitbringen, falls er dürfe. Er wollte einen Schal mit Harley Davidson Motiv mitbringen und auch zur Urne in das Grab packen, falls er dürfe. Magdalena fand die Idee gut und stimmte zu.

Die nächsten Tage vergingen langsam, durch den organisierten und stets gleichen Tagesablauf bestimmt. Am Tag der Beisetzung wachte Magdalena eine Stunde vor dem Alarm auf und stellte sich lange unter die Dusche. Es fiel ihr leichter als gedacht, sich fertigzumachen. Sie trug ein schwarzes Kleid, das er an ihr immer bewundert hatte und schwarze Pumps. Sie stellte sich vor den Spiegel und als sie die Arme um sich legte, spürte sie fast seine starke Umarmung. Sie sah in den Spiegel, blickte sich in die Augen.

Sie ging ins Wohnzimmer und nahm Manfreds Foto an sich und fuhr zum Friedhof. Sie trug das Foto vom Parkplatz bis zum Raum, in dem an Manfred gedacht werden sollte. Die drei Kinder waren da, hatten alles aufgebaut. Aus einem CD-Player ertönte die Musik, die Manfred ausgesucht hatte, in angemessener Lautstärke. Es lief 'Paranoid' von Black Sabbath. Freunde von beiden waren da. Alle standen auf, als sie mit Manfreds Foto eintrat. Sie ging nach vorne und stellte das Foto neben die Urne auf den dafür vorgesehenen Ständer vor dem Rednerpult. Sie stellte die Musik ab, stellte sich an das Pult und begrüßte alle Anwesenden und dankte ihnen für ihren Besuch. Sie sagte auch, dass Manfred immer wieder davon gesprochen hatte, wieviel ihm alle bedeuten würden. Sie berichtete von den schönen Tagen und kurz von den Tagen im Krankenhaus.

Der Priester trat ein. Magdalena dankte allen für ihr zahlreiches Erscheinen, begrüßte den Priester und setzte sich in die erste Reihe zu ihren Kindern. Der Priester nahm Aufstellung am Pult und öffnete eine Kladde. Er begrüßte alle Anwesenden - auch Manfred - und begann aus dessen Leben zu berichten. Die Angaben hatte er von Magdalena erhalten. Rasch löste sich die Anspannung der Anwesenden. Er berichtete von Manfreds Eltern, seiner Herkunft aus dem Westfälischen, seinem schulischen Werdegang, seiner Ausbildung zum Automechaniker und seinen zahlreichen Hobbies. Er berichtete kurz über Magdalena und dann, wie sie sich kennengelernt hatten. Öfters mussten alle schmunzeln, wenn er eine Anekdote aus ihrem Leben erzählte. Es war eine schöne Rede, Magdalena drückte öfters die Hände von Elias und Jennifer, zwischen denen sie saß. Der Priester beendete die Rede mit der Aussage, dass Manfred wohl im Himmel bestimmt eine Harley Davidson fahren würde. Und falls keine da wäre, würde er schon eine organisieren. Alle schmunzelten oder lachten.

Er trat zu Magdalena und sie dankte ihm für die Rede. Dann nahm sie die Urne und sie gingen hinaus. Thomas schaltete den CD-Player wieder ein. Unter den Klängen von Metallicas 'Enter Sandman' zogen sie hinaus.

Sie gingen zu den nahen Bäumen, wo schon Urnengräber um die Baumstämme angelegt waren. Sie gingen zu einer Eiche. Hier war ein Loch ausgehoben, daneben lag die Platte mit seinem Namen und Geburts- und Todesdaten bereit. Manfred hatte immer gesagt: Mein Geburtstag und mein Todestag gehören euch, alle anderen Tage dazwischen gehören mir. Und so hatte er auch gelebt. Henry stand neben ihr, auf der anderen Seite die Kinder. Henry holte ein Tuch aus der Tasche, faltete es auseinander und zeigte es allen. Das Harley Davidson Logo prangte darauf. Er faltete das Tuch zusammen und legte es in das Loch, Logo nach oben. Magdalena kniete sich hin und stellte die Urne behutsam auf dem Tuch ab. Dann erhob sie sich und trat zurück. Mit einer kleinen Schaufel mit langem Stiel schippte sie Erde in das Grab, reichte die Schaufel an die Kinder weiter, diese an Henry und dann an alle anderen Anwesenden. Alle gingen alle an Magdalena und den Kindern vorbei und drückten ihr Beileid aus.

Magdalena wandte sich anschließend an alle.

„Heute Abend gegen 18 Uhr findet die Erinnerungsfeier bei uns statt. Kommt vorbei in legerer Kleidung. Wir wollen das Leben von Manfred feiern! Also bis später!",

Sie kehrte mit den Kindern in die Kapelle zurück. Die Kinder meinten, dass sie alles allein aufräumen würden und dass sie gehen könnte, sich ausruhen vom Tag. Elias gab ihr die CD, die gerade gelaufen war. Seine Lieblingslieder. Sie sagten auch, dass sie alles in der Wohnung für die Feier vorbereiten würden.

Magdalena setzte sich in den Wagen und legte die CD ein. 'Paranoid' lief. Sie ergriff das Lenkrad und begann zu schreien. Sie schrie einige Augenblicke, beruhigte sich, startete den Motor und fuhr los, lenkte den Wagen automatisch zur Schule. Zuerst wollte sie umdrehen und nachhause fahren, dann entschied sie sich dagegen.

Sie betrat die Betreuungseinrichtung. Alle Kinder, die Betreuer und Eltern waren in der großen Halle versammelt. Sie ging still in ihr Büro. Auf ihrem Schreibtisch stand eine hohe Kerze auf einem großen Teller. Davor stand eine Karte: *Life is a bitch! Fuck her!* Und das jetzige Jahr. Sie musste lachen. Typisch Karins Humor. Dafür liebte sie ihre Stellvertreterin. Karin verstand sie gut und sie wusste auch, dass sie noch einmal nach der Beerdigung zur Schule kommen würde. Dafür kannte sie Magdalena zu gut.

Magdalena ging durch die leeren Gänge, ihre Schritte hallten auf dem Steinboden. Sie sah die Jacken draußen an Haken hängen, alle waren beschriftet mit den Namen der Kinder. Sie liebte diese Einrichtung, ihre Einrichtung. Sie liebte den Umgang mit den Kindern, den nervigen Eltern, den Betreuern. Sie hörte die Kinder singen und das laute begeisterte Klatschen der Eltern. An der Tür blieb sie kurz stehen. Dann öffnete sie diese leise und trat ein. Sie stand ganz hinten, hinter den letzten Sitzreihen und hatte einen guten Blick über die Bühne und Zuschauer.

Kinder standen auf der Bühne und sangen ein Lied über den Regen und wie die Tropfen Leben spendeten, wenn sie auf dem Boden auftrafen. Und sie spürte eine tiefe Verbundenheit mit den Kindern und allen Anwesenden. Es war ihre Schule, ihrer aller Schule.

Sie spürte Tränen ihre Wangen herunterlaufen und sie schämte sich nicht dafür. Neben der Bühne stand Karin. Sie beaufsichtigte die Kinder und hatte die Liedtexte in der Hand für den Fall, dass die Kinder mal nicht weiterwussten. Sie bemerkte Magdalena und nickte ihr unmerklich zu. Magdalena nickte ebenfalls und verließ nach einigen Minuten die Vorstellung. Die Tränen hatte sie getrocknet.

Später fuhr sie noch einkaufen, Wein und Sekt für die Feier. Bier hatte Henry besorgt. Es gab noch Baguette und Frikadellen und einen großen Topf Erbsensuppe mit Würstchen, die Manfred immer so gemocht hatte.

Ab 18 trudelten die Gäste ein. Die Kinder ließen auf einem großen Monitor Fotos und Filme von Manfreds Leben laufen, von der Kindheit bis zum Erwachsenenalter. Leute blieben immer wieder davor stehen, betrachteten die Fotos und Filme. Sie lachten und erzählten sich Anekdoten und Geschichten über ihn, lachten über bekannte Missgeschicke. Es war ein fröhliches Zusammensein, mit viel Leben, Liebe und Wärme. Kinder liefen herum, spielten mit Autos auf einem Spieleteppich in einer Ecke, bauten Lego. Elias und Jennifer beaufsichtigten sie. Magdalena kam mit vielen ins Gespräch, stieß mit ihnen auf Manfred an. Es wurde viel gelacht und eine gute Stimmung füllte den Raum.

Magdalena sah zum Kamin, wo auf dem Sims Manfreds Foto stand, und sie prostete ihm zu.

„Life is a bitch! Fuck her!", meinte sie.

Für N. – sie weiß schon wer

Frauenpower

Meine Mutter zeigte mir einmal eine Frau in einem einfachen Kittel, die neben ihrem Mann die Straße entlang ging. Der Mann behandelte sie mit Respekt. Das war deutlich aus seiner Haltung und der Art erkennbar, wie er mit ihr sprach.

Als sie vorbeigingen, grüßten wir einander. Der Mann war groß und stark und bewegte sich in der Nähe seiner Frau behutsam. Ich hatte den Eindruck, als hätte er Angst vor ihr.

Später erzählte mir meine Mutter folgendes: „Der Mann, den du heute gesehen hast, heißt Damir. Er hat früher stark getrunken und wenn er besoffen nach Hause kam, schlug er oft seine Frau Danica. Immer wieder. Auch vor den Kindern. Eines nachts kam er wieder betrunken nachhause und schrie sie an, dass sie etwas zu essen machen sollte. Als sie nicht sofort reagierte, gab er ihr Ohrfeigen. Sie stellte ihm Brot und Wurst und Schnaps hin und er aß und trank. Er trank viel und legte sich auf die Couch in der Küche, so wie er war, angezogen, mit Schuhen an. Er schnarchte laut. Danica, die das jahrelang ertragen hatte, sagte meiner Mutter später, dass etwas in diesem Moment in ihr kaputt gegangen wäre.

Sie spürte eine Kraft, die sie vorher nicht gekannt hatte. Sie holte einen Besen aus der Kammer und trat an die Couch. Nach kurzem Zögern begann sie ihn mit dem Besenstiel heftig zu schlagen. Sie traf Kopf, Schultern, Bauch, Beine. Vor allem den Kopf nahm sie sich gründlich vor. Der Besenstiel brach entzwei. Sie holte einen weiteren Besen und auch diesen zerbrach sie auf ihm. Dann stellte sie alles beiseite und prüfte, ob er noch atmete. Sie befürchtete schon, sie hätte ihn umgebracht.

Aber er schlief nur. Er schlief im Vollrausch und schien von den Schlägen nicht viel registriert zu haben. Sie ging ins Schlafzimmer, mit dem Rest des Besenstiels bewaffnet und schloss von innen ab.

Er erwachte mühsam am nächsten Morgen. Sie saß am Küchentisch, trank Kaffee. Wie jeden Morgen. Er hörte auf, zu schnarchen, fing an sich zu bewegen und begann zu jammern. Er setzte sich unter Schmerzen auf, hielt sich den geschwollenen Kopf und sah Danica mit blutunterlaufenen Augen an. Er betrachtete seine Hände, die verkrustetes Blut aufwiesen.

„Was…was ist passiert?", fragte er brummend und hielt sich den Kopf. „Ich fühle mich wie zerschlagen!"

Danica hielt ihm den Rest vom Besenstiel entgegen.

„Damit habe ich dich gestern verprügelt, du besoffenes Schwein! Als du nachhause kamst und mich geohrfeigt hast! Dann habe ich den Besen genommen und dich damit geschlagen. Und wenn du mich noch einmal anfasst, das schwöre ich dir, werde ich dich im Suff totschlagen. Und der Richter wird mit freisprechen, weil alle wissen, wie du mich im Suff geschlagen hast."

Er streckte eine Hand nach ihr aus. Danica stand rasch auf und schlug mit dem Besenstiel nach der Hand. Sie traf und er zog seine Hand heulend zurück.

„Oh was hast Du mit mir gemacht?", stöhnte er. „Mein ganzer Körper…"

Damir versuchte aufzustehen, konnte es aber nicht. Nach Minuten zog er sich am Bett und nahen dem Tisch hoch. Danica stand da, den Besen schlagbereit erhoben. Damir taumelte an ihr vorbei Richtung Badezimmer. Sie hörte, wie er sich ins Klo übergab. Danica war ihm gefolgt und warf ihm einen Wischmopp hinterher.

„Und das wischt du selbst auf, du besoffenes Schwein!", schimpfte sie.

Damir brauchte Tage, um sich zu erholen. Danica ging ihm aus dem Weg und er ihr. Er schlief auf der Couch in der Küche. Manchmal, wenn sie kochte, ging er hinaus. Nur langsam begannen sie wieder miteinander zu sprechen.

Er hat sie nie wieder angefasst und auch mit dem Trinken aufgehört.

Respekt

„Respekt? Du willst Respekt? Respekt musst du dir erst einmal verdienen, mein Junge!", meinte der alte Unteroffizier. „Du bist jetzt Soldat in der kaiserlichen deutschen Armee."

Er stand vor uns und wies auf die Stellungen, die sich im Morgengrauen vor uns abzeichneten.

„Da drüben sind die Amerikaner! Die warten nur auf uns. Aber wir wissen, dass sie auf uns warten, und das macht es einfacher. Wir werden sie erst einmal derart mit Artillerie eindecken, dass ihnen Hören und Sehen vergeht, und dann kommen wir über sie wie der Zorn Gottes..."

Er hielt inne, als ein Melder an ihn herantrat und die Hacken zusammenschlagend ihm einen Zettel aushändigte. Er salutierte ebenfalls und öffnete den Zettel. Er musste mehrmals lesen, bevor er den Inhalt begriff und dann sah er uns erstaunt an.

„Der Krieg ist aus!", meinte er. „Waffenstillstand! Wir haben vor den Briten und Franzosen und Amerikanern kapituliert!"

Fassungslos sah er uns an, fassungslos sahen wir ihn an. Von drüben hörten wir laute Jubelschreie. Die anderen hatten auch die Nachricht vernommen. Wir gingen nach vorne und schauten über den Rand zu den Alliierten. Drüben schwenkten sie ihre Waffen und lachten und jubelten. Schüsse in die Luft erklangen.

„Was machen wir jetzt?" fragte Erich.

Er war der Kleinste von uns und der Schwächste. Nur aufgrund des Mangels an Männern war er mit uns eingezogen worden. Jetzt, mit 17, waren wir richtige Männer, bereit, in den Krieg zu ziehen – und dann war er aus. Wir hatten keinen Schuss abgefeuert. Ich sah auf unserer

Seite weiße Fahnen, die heftig geschwenkt wurden. Es waren zerrissene Laken, die man an Gewehrläufe oder Stöcke gebunden hatte.

Wir waren sprachlos. Wir sollten uns einfach kampflos ergeben? Das verstanden wir nicht. Wir wollten für Kaiser und Vaterland ins Feld, Ruhm ernten, den Feind vernichten. Und jetzt – nichts von alledem. Kein Ruhm. Keine Ehre. Nur Waffenstillstand und bedingungslose Kapitulation!

Wir reckten die Köpfe vorsichtig über den Rand des Schützengrabens und gewahrten auf der anderen Seite laute Rufe. Kein Scharfschütze schoss auf uns, keine Granaten, keine Artillerie. Köpfe erschienen. Soldaten winkten uns zu. Wir winkten zurück.

Auf unserer Seite begannen einige auch den Oberkörper aus dem Graben zu zeigen. Als niemand feuerte, traten sie auf den Grabenrand und winkten hinüber. Drüben erschienen auch Soldaten. Es war eine grenzenlose Erleichterung, weil der Krieg wohl wirklich vorbei war.

Langsam kamen alliierte Soldaten auf uns zu. Wir gingen auf sie zu. Alle legten ihre Waffen beiseite. Wir hoben die Hände als Zeichen, dass wir uns ergaben. Die alliierten Soldaten kamen uns entgegen, die Gewehre umgehängt. Beide Seiten trafen sich im Niemandsland. Die Offiziere salutierten voreinander, schüttelten sich die Hände. Ich stand zwischen all den Soldaten und hatte das Gefühl, als wäre ich in diesem Moment ein Teil der großen Geschichte der Menschheit, würde eine Seite mitschreiben.

Die Alliierten hatten allerlei Essen mitgebracht. Wir waren fast ausgehungert und nahmen das Essen dankbar an. Wir öffneten die Dosen mit Corned Beef und packten es auf Brot, das wir unter uns verteilten. Den Alliierten brachten wir allerlei Kleinigkeiten, einer übergab sein eisernes Kreuz.

Ein Soldat reichte mir eine Flasche Wein. Ich hatte noch keinen Wein aus der Flasche getrunken und nur ein einziges Mal hatte mein Onkel mich am Weinglas nippen lassen.

„Kannst Du ruhig nehmen, ist richtiger guter französischer Wein!", meinte der Soldat in gutem Deutsch.

Verwundert sah ich ihn an. Er lachte. „Ich bin Amerikaner deutscher Herkunft und heiße Jonathan Weiß. Meine Großeltern noch vor dem Bürgerkrieg sind in die Vereinigten Staaten emigriert. Sie waren Bauern aus Westphalen und machten Land in Arizona urbar. Meine Mutter sprach fast nur deutsch und wenig englisch. Ich ging in Arizona zur Schule, lernte Englisch und wurde eingezogen und nun bin ich hier. Ich wollte nicht auf meine Landsleute schießen. Wie gut, dass dieser sinnlose und furchtbare Krieg endlich aus ist."

Er lächelte mich an. Ich betrachtete die wohlgenährten alliierten Soldaten, die Briten und Amerikaner und einige Franzosen. Wir erinnerten an hagere Gespenster.

Offiziere gingen durch die Reihen und wiesen uns an, sich gesittet und den Umständen entsprechend zu verhalten.

„Was ist denn bei einer Niederlage gesittet?" fragte einer der unsrigen.

„Dass ihr Ordnung und Disziplin haltet!", rief einer der Offiziere und wies den Mann zurecht.

Wir ließen die alliierten Soldaten zu unseren Stellungen gehen. Ich führte Jonathan Weiß. Er meinte, dass unsere viel besser ausgebaut seien als die ihrigen. Er bewunderte die starken Bunker mit den MG-Anlagen. Er klemmte sich hinter eines der MGs und sah durch den Schlitz nach außen ins Niemandsland.

„Typisch deutsch!", meinte Jonathan, der mir das Du angeboten hatte. „Wir Soldaten sprechen alle die gleiche Sprache!", sagte er. „Egal wo wir herkommen!",

Ich mochte ihn, seine Art. Wir traten nach draußen und sahen Offiziere auf uns zukommen, mit einem großen Plan zwischen sich. Am Rand der vordersten Gräben blieben sie stehen, deuteten in alle Richtungen. Der deutsche Offizier nickte und trat dann an den Graben. Er rief die Soldaten in der Nähe zu sich.

„Männer!", rief er. „Wir werden die Alliierten nach hinten führen. Zeigt ihnen alles, was sie sehen wollen. Wir haben Waffenstillstand geschlossen. Der Krieg ist endlich vorbei. Vier Jahre heldenhaftes Ringen ist nun zu Ende. Ihr könnt stolz auf euch sein. Das deutsche Volk ist stolz auf euch! Dessen müsst ihr euch immer gewahr sein. Vergesst niemals diesen Augenblick in eurem Leben. Gedenkt aller gefallenen Kameraden und lernt daraus und macht es im Leben besser!"

Er salutierte. Alle deutschen Soldaten in den Gräben salutierten. Die alliierten Soldaten und Offiziere sahen das und salutierten vor den Deutschen, Jonathan salutierte vor mir.

„Respekt", sagte er, „muss man sich verdienen! Und ihr habt ihn euch redlich verdient!"

Juni

Kaffeeklatsch

„Hast Du schon gehört? Die Meiers von gegenüber! Unglaublich! Und der Mann…"

Die beiden Frauen im Hausflur halten inne, als ich herantrete und mich an ihnen vorbei ins Treppenhaus begebe. Kaum erreiche ich den ersten Treppenabsatz, als die beiden wieder mit Ihrer Tirade beginnen.

„Ja, der Meier hat seine Frau geschlagen, ich habe es gehört. Von der Klara, die wohnt gleich nebenan. Die hat alles mitgekriegt. Und als Polizei und Krankenwagen kamen soll er noch auf sie eingeprügelt haben. Das Kind hat alles gesehen. Die Polizei hat ihn gleich festgenommen."

Die Stimmen verfolgen mich auf dem Weg nach oben. Ich bin froh, als ich endlich an meiner Wohnung ankomme. Rasch schließe ich auf, ziehe die Tür hinter mir zu und der Stimmenschwall verebbt. Ich ziehe im Flur die Schuhe aus, stelle meine Aktentasche ab und wasche mir die Hände im Badezimmer. Dann trete ich in die Küche, wo mich meine Frau erwartet.

„Hast Du schon von den Meiers gegenüber gehört?"

Ich nicke, gehe ins Wohnzimmer und setze mich auf die Couch, dem Fernseher gegenüber.

Einschalten.

Meine Frau kommt hinterher, eine Kaffeetasse in der Hand.

„Du hörst mir überhaupt nicht zu!", ruft sie.

Ich stelle den Fernseher lauter.

Generationen

Die Erste und die Letzte. Die Erste eroberte die Welt, die Letzte klebt sich am Asphalt der Wohlstandsgesellschaft fest. Dazwischen liegen viele Generationen, die die Welt erkundeten, sie eroberten, Reiche schufen und untergehen ließen. Die Kinder gebaren und begruben, die einander halfen und sich bekriegten. Sie standen auf den Schiffen, die hinaussegelten, um fremde Kontinente zu sehen, sie ritten in endlosen Prärien und marschierten auf staubigen Wegen, vom Hadrianswall bis nach Stalingrad. Jede Generation darf Fehler machen. Die nächsten haben kein Recht, sie dafür zu verurteilen. Wer ohne Fehler, der werfe den ersten Stein! Steht in einem alten Buch. Religionen entstanden und gingen unter. Pyramiden wurden erschaffen und versanken im Sand der Geschichte.

Generationen kommen und gehen, nur die Gier des Lebens nach sich selbst bleibt bestehen.

Das Sofa

Als ich etwa 8 Jahre alt war, schaute ich mir die Serie „Die Peanuts" mit Charly Brown und seinen Freunden an. In einer der Folgen setzte sich sein Hund Snoopy auf das Dach seiner Hütte und tat so, als würde er aufsteigen und gegen den Roten Baron kämpfen. Von Richthofen erwies sich als zäher Gegner und schoss ihn ab.

Wenig später schaute ich mir einen Film über den Roten Baron an.

Ich setzte mich im Schneidersitz auf das Sofa.

„Zündung!", rief ich.

Der Mechaniker vorne am Propeller packte einen der Flügel und riss daran. Noch einmal. Der Motor sprang an, der Mechaniker trat behände aus dem Bereich des Propellers und blieb neben dem Flugzeug stehen. Ein anderer Mechaniker stand schon auf der anderen Seite bereit. Ich nickte beiden zu, sie zogen die Keile beiseite und ich ließ das Flugzeug auf die Startbahn rollen. Langsam beschleunigte die Maschine, wurde immer schneller, vor den Bäumen riss ich den Steuerknüppel nach oben und das Flugzeug zog hoch. Gemächlich ließ ich es steigen. In etwa 2.000 Meter Höhe legte ich das Flugzeug waagerecht und lud die beiden Maschinengewehre durch. Hier oben fühlte ich mich frei, der Fahrtwind war kalt und beißend, ich trug dicke Kleidung, einen Schal und eine Fliegerbrille.

Ich flog Richtung Westen, mit der Sonne im Rücken. Durch die Fliegerbrille sah ich den klaren blauen Himmel, die grenzenlose Weite. Fast hätte ich einen Triumpfschrei losgelassen, beherrschte mich jedoch. Ich betrachtete die Flugzeuge um mich herum.

Es war mein Geschwader, alles Angehörige des Fliegenden Zirkusses, meines Fliegenden Zirkusses. Denn ich war der Rote Baron, steuerte meinen Fokker Dreidecker DR.I.

Durch die aufgegangene Sonne in unserem Rücken konnten uns die alliierten Flugzeuge, die ebenfalls aufgestiegen waren und auf gleicher Höhe uns entgegenflogen, erst spät ausmachen. Ich sah nach links und rechts und hob die Hand. Die anderen Piloten nickten, einige stiegen noch höher, andere drehten nach links ab, um die Engländer und Franzosen in der Flanke zu packen.

Heran

Wildes Kurven, Maschinengewehr hämmerte. Ich wich dem Beschuss aus, Hände am Steuer und an den Auslösern der beiden Maschinengewehre. Im Gegensatz zu den Alliierten konnten wir aufgrund einer geschickten Mechanik durch den Propeller schießen, wenn sich ein Flügel gerade mal nicht vor der MG-Mündung befand. Bei den Alliierten waren die Maschinengewehre auf dem oberen Flügel angebracht, was das Zielen und Feuern schwieriger machte. Ein Engländer tauchte im Fadenkreuz vor mir auf. Ich schoss und schoss und sah, wie die Einschläge über das Flugzeug tanzten. Das Flugzeug fing Feuer, schmierte ab. Ich sah ihm kurz hinterher. Dann griffen mich weitere Flugzeuge an. Ich wich allen aus, jagte sie, schoss sie ab...fühlte mich frei und gut...

„Johannes!", rief meine Mutter aus der Küche. „Räum endlich dein Zimmer auf!"

Juli

Entfallen

August

Der Kreisverkehr

„Wie lange noch?" jammerte Anton und sah durch das große Rundumfenster hinaus.

Der Vater saß ihm gegenüber, sah von seinem Monitor auf, nahm einen Ohrstöpsel raus und meinte: „Den Anzeigen nach noch eine halbe Stunde. So lange musst du noch durchhalten."

Seine Frau sah von ihrem Monitor auf, blickte ebenfalls hinaus.

„Wir erreichen die Ausläufer der Stadt. Das ist sehr gut. Schau mal, sie pflanzen neue Bäume beiderseits der großen Chaussee."

Die Tochter sah nur kurz auf, widmete sich dann wieder dem Gerät in ihren Händen. Fleißig tippte sie etwas hinein, las, kicherte, tippte, las, …

Der Vater betätigte blinzelte wegen der Sonne, die in das Fahrzeug schien. Die Kuppel war komplett durchsichtig. Er blätterte das Menü auf dem Monitor durch, fand das Einstellungen-Feld, öffnete es und tippte auf Verdunkelung Dach 25 %. Die Farbe der Kuppel änderte sich, die Sonnenstrahlen wurden abgemildert. Anton war auf den Rundsitz gestiegen und sah hinaus. Er beobachtete die anderen Fahrzeuge und den Himmel, die hohen Gebäude. Alle Fahrzeuge ähnelten ihrem: Eine Kuppel auf einem länglichen Unterbau. Anton wusste, dass im hinteren Bereich die Koffer verstaut waren, die sie mit auf die Reise genommen hatten, im vorderen war der Motor. Angetrieben wurde das Fahrzeug elektrisch, der Strom kam über in der Straße verlegte Bänder. Das hatte er schon im Kindergarten gelernt, als die Betreuerin mit ihnen das Thema Stadt besprach. Hier im Auto saßen sie alle um den Tisch herum. Gesteuert wurde das Fahrzeug durch die automatische Steuereinrichtung,

GPS gestützt, Sensoren prüften laufen den Abstand zu den anderen Fahrzeugen und Straßenrändern, veranlassten den Wechsel von Fahrbahnen und das Abbiegen automatisch. Niemand steuerte seinen Wagen selbst. Alle hatten Zeit für sich, lasen, lernten, spielten. Einige Kuppeln waren komplett abgedunkelt. Für Paare, die alleine sein wollten. Der Vater las einen Artikel über die neuesten Erfindungen in der Raumfahrt. Er rief Anton zu sich, der den Rundsitz entlang ging und sich in seinen Schoß setzte.

„Schau mal, Anton, hier sind die neuen Raumschiffe, die wir planen. Wir werden dann nicht nur zum Mars fliegen, sondern auch noch viel weiter. Dein Vater hatte die Behausungen für die Marskolonie Clarke geplant. Die kam nach der Asimov, Heinlein, Herbert, Dick und Vance. Jetzt planen wir einige selbstaufblasbare Stationen für Siedlungen auf kleineren Planeten und einiger Kometen. Um sie gegen Meteoriten zu schützen, wird automatisch Pla-Beton von außen aufgesprüht.

„Du siehst, mein Sohn, alles ist möglich. Wir verlassen die Erde und erobern das Sonnensystem. Uns sind keine Grenzen gesetzt. Alles ist möglich!"

Anton war es langweilig geworden. Er tobte über die Sitzreihe, der Vater versuchte ihn zu beruhigen, ergriff ihn und zog ihn heran. Anton wehrte sich und fiel auf den Tisch. Einer der eingebauten Monitore splitterte. Anton schrie auf, der Vater zog ihn weg und untersuchte ihn. Anton hatte sich erschrocken, nur einige Kratzer. Der beschädigte Monitor flackerte, Befehle zuckten über den Bildschirmrest.

Der Vater schimpfte mit Anton, die Mutter nahm ihn in den Arm, tröstete den weinenden Jungen. Der Vater versuchte den Monitor auszuschalten. Anweisungen flackerten darauf. Anscheinend waren Tasten beim Sturz festgehakt. Der Wagen ruckte plötzlich, wurde schneller, langsamer. Sie sahen sich um. Die anderen Fahrzeuge vergrößerten den Abstand. Menschen blickten zu ihnen herüber. Der Vater versuchte verzweifelt den Monitor zu säubern und wieder ans Laufen zu bekommen. Nichts funktionierte. Sie erreichten den großen Platz in der Mitte der Stadt, wo sich die Hauptstraßen trafen, sechs breite Straßen führten zum und von dem riesigen Platz. In der Mitte befand sich auf einem Plateau das Model einer Mondstation in Originalgröße.

Der Wagen ruckelte nach links und rechts, wurde schneller und langsamer. FAILURE blinkte auf dem beschädigten Monitor auf, dann auch auf den anderen Monitoren. Der Wagen steuerte vom Rand des Platzes zielstrebig auf die Mitte zu. Andere Fahrzeuge wichen aus, stoppten. Sie umkreisten den Mittelpunkt des Platzes.

Einmal. Zweimal.

Immer wieder

Nach einer halben Stunde ruckelte der Wagen, wurde langsamer, blieb schließlich stehen, direkt an der kniehohen Basaltplatte, auf der die Mondbasis stand. Alle vier größeren Monitore waren ausgefallen. Der Vater war außer sich, schimpfte mit Anton, er weinte in ihren Armen, die Tochter schaute alle nur angenervt an, tippte weiter.

Die anderen Fahrzeuge fuhren eng an ihnen vorbei. Der Vater wollte per Knopfdruck den plateaunahen Bereich der Kuppel öffnen, da trat ein kurzer Stromstoß auf, Kabel brutzelten ab. Er öffnete den Bereich per Hand, entriegelte dazu zwei Befestigungspunkte und hob die Kuppel hinauf. Die Luft war warm und nicht mehr gefiltert wie im Auto. Der Vater stieg aus, trat auf die Plattform. Er winkte seiner Familie auszusteigen.

„Hier oben ist es sicherer. Wer weiß, ob nicht doch ein Wagen reinfährt!"

Die andern meckerten, stiegen aber auch aus. Der Vater wies auf das Denkmal. Sie umrundeten das Bauwerk auf dem Podest. An zwei Stellen gab es Stufen nach oben. Sie folgten ihnen und setzten sich auf den freien Platz zwischen den Gebäuden.

„Was kommt jetzt?", erkundigte sich die Mutter. „Erik, was machen wir jetzt?"

Erik war stehengeblieben, kratzte sich am Kopf. „Ich werde Hilfe holen. Das Wichtigste war erstmal, dass wir in Sicherheit sind, falls etwas mit dem Wagen passiert."

Er holte seinen Kommunikator aus der Hosentasche und aktivierte ihn. Erik rief den Kommunikator an. Eine sanfte Stimme meldete sich.

„Hier Kommunikator Viktor! Wie kann ich dir helfen, Bürger?"

„Hier Erik Hauser. Meine Familie und ich sitzen auf dem Denkmal der Mondbasen in der Mitte vom Platz der Astronauten. Unser Auto ist defekt und blieb direkt am Denkmal der Astronauten stehen. Wir brauchen jemanden, der uns hier abholt!"

„Was für ein Auto fahren sie?"

„Einen Grandvision 3.4."

„Die Autos können nicht kaputt gehen. Sie werden automatisch gewartet. Warum und wie ist der Wagen kaputt gegangen?"

„Mein Sohn ist auf den Steuertisch gefallen, einer der Monitore ging kaputt, Befehle wurden wiederholt, ich konnte das System nicht stoppen und neu starten!"

„Seltsam."

„Es ist mir egal, ob sie das seltsam finden. Wir sind hier oben auf dem Denkmal. Veranlassen sie, dass wir hier abholt werden!"

„Wir müssen erstmal klären, warum der Schaden passiert ist. Versicherungsgründe!"

„Ich wiederhole mich gerne: Mein Sohn ist draufgefallen. Deswegen ist ein Monitor ausgefallen, die anderen sind auch ausgestiegen, der Wagen steuerte auf die Mitte des Platzes zu und wir fuhren mehr als eine halbe Stunde um das Denkmal herum. Jetzt steht der Wagen und wir sitzen hier oben. Holen sie uns endlich ab!"

„Ich werde jetzt direkt meinen Vorgesetzten informieren. Ihre Geschichte klingt unwahrscheinlich. Warten sie, wir melden uns bei ihnen unter der Nummer!"

Erik ließ den Kommunikator irritiert sinken.

„Was soll das denn?"

Anton jammerte, dass er Hunger und Durst hatte. Erik wies seine Tochter an, ihm zu folgen. Sie gingen den Weg zurück. Sie erreichten das Plateau, gingen herum. Am Auto blieben sie stehen. Die Tochter stieg in den Wagen und holte zwei Taschen raus. Dann trat sie wieder auf das Plateau. Der Vater war auf die Straße getreten, hatte den Kofferraum geöffnet und holte zwei größere Taschen heraus. Er kramte noch im Kofferraum herum, als seine Tochter laut aufschrie. Er sah hoch, erblickte einen auf ihn zukommenden Lastwagen und sprang auf das Plateau, lief zur Tochter. Der Lastwagen traf ihren Wagen hinten und zerdrückte den Kofferraum.

Die Kugel zersplitterte. Die zehn Achsen des Lastwagens überrollten den Wagen, zermalmten ihn. Dann fuhr er achtlos weiter.

„Danke, dass Du gerufen hast!", sagte er und drückte sie an sich.

Sie gingen zurück zur Familie, wo die Tochter den Vorfall ihrer Mutter berichtete.

Anton bekam etwas zu Essen.

Wenig später rief der Kommunikator Viktor wieder an. Er schaltete zu seinem Vorgesetzten durch – Kommunikator ersten Ranges Gilbert.

„Wir sind eine Gesellschaft, in der Ruhe und Ordnung herrscht. Alle und alles hat seinen festen Platz. Wie lautete das Codesignal ihres Autos?"

Erik kratzte sich am Kopf und nannte eine Nummer.

„Diese Nummer hat aufgehört zu senden. Es gibt keinen Hinweis, wo sich das Fahrzeug befindet. Es ist ausgeschaltet oder der Sender ist zerstört worden."

„Ein Lastwagen ist über unseren Wagen gerollt!", Erik war entnervt von der KI-Stimme des Vorgesetzten.

„Kommen Sie hier vorbei und schauen sie es sich selbst an! Holen Sie uns endlich hier raus!"

„Bürger Hauser, nicht in diesem Ton. Sonst muss ich die Verbindung unterbrechen!", sagte Gilbert lächelnd.

Erik starrte den Kommunikator an, wo das perfekte Gesicht von Gilbert ihm entgegenlächelte.

„Wir sind hier auf dem Denkmal für die Mondbasen in der Mitte vom Platz der Astronauten gestrandet. Wir sind müde und wollen nach Hause! Schicken Sie endlich ein Fahrzeug!"

„Das können wir erst, wenn Sie sich ausweisen können, Bürger Hauser."

Erik griff in seine Hosentasche. Seine Ausweistasche war weg. Er dachte nach. Und dann fiel es im ein, dass er die Ausweistasche so wie immer auf die Ablage im Auto gelegt hatte. Und der Wagen...

„Mein Ausweis war im Auto, das überrollt wurde!", sagte er laut und drehte den Monitor so, dass seine Familie ins Bild kam.

„Das hier ist meine Familie. Wir sind müde und hungrig und wollen nur nach Hause!"

Gilbert blieb ruhig. Er schien etwas vor ihm zu lesen, dann blickte er wieder Erik an.

„Erik Hauser und seine Familie waren auf Korsika, in der Unterwasserresidenz Maritima für zwei Wochen untergebracht. Sind sie das?"

Erik nickte, sagte „Ja", weil Gilbert nicht darauf reagierte.

„Und sie sagen, dass Sie mit dem Wagen zurückgefahren sind und dass ihr Sohn einen der vier Hauptmonitore zerstörte und der Wagen daher um das Denkmal fuhr, stoppte. Sie stiegen aus und ein Lastwagen zermalmte den Wagen. Ist das ihre Geschichte?"

„Ja. Und jetzt kommen Sie endlich und holen uns hier ab!"

Gilbert blieb ruhig, hob beschwichtigend eine Hand.

„Alles zu seiner Zeit! Erst müssen wir klären, wer sie sind."

Erik sah sich um. Im Westen begann die Sonne hinter den hohen Gebäuden zu versinken. Erik wandte sich wieder an Gilbert.

„Es wird langsam Nacht. Sorgen sie endlich dafür, dass jemand hierherkommt!"

Gilbert sah zur Seite und nickte. Er sah Erik an.

„Wir schicken einen Wagen, der sie abholen soll!"

„Danke! Wann wird der Wagen da sein?"

„In etwa einer halben Stunde!"

Gilbert unterbrach die Verbindung. Erik wandte sich an seine Familie.

„Ihr habt es gehört. Ein Wagen komm und holt uns hier ab."

„Können wir uns die Basis anschauen?"

„Die Gebäude sind bestimmt abgeschlossen!"

„Nein!", sagte die Tochter und öffnete eine der Türen. „Die Tür ist offen!"

„Wir warten trotzdem hier!“

Sie beobachteten in weiter Ferne das rötliche Licht eines Rettungsfahrzeuges, das sich langsam im Kreisverkehr auf sie zu bewegte. Als es noch etwa 200 Meter entfernt war, begannen die Fahrzeuge direkt um den Mittelpunkt des Kreisverkehrs schneller zu fahren. Ein riesiger Lastwagen rammte den Wagen, überrollte ihn. Die Familie auf der Insel beobachteten fassungslos das Geschehen. Nach dem Unfall fuhren die Fahrzeuge wieder langsam im Kreis um die Insel. Der Vater sah wie vom Donner gerührt auf die Stelle, wo noch die Überreste des Rettungsfahrzeuges glommen.

„Was machen wir jetzt?“, fragte die Frau.

Der Vater schwieg. Was sollte er jetzt auch sagen?

Er rief den Kommunikator an. Viktor meldete sich. Er bedauerte den Zwischenfall, dann flackerte das Bild, Gilbert tauchte auf. Er nannte es seltsam, dass es gerade ihnen passiert war. Ein neues Fahrzeug würden sie nicht schicken. Erst morgen würden sie etwas unternehmen können. Bevor der Vater etwas sagen konnte, erlosch die Verbindung. Der Vater versuchte Freunde und Familienmitglieder zu erreichen, doch die Verbindung wurde unterbrochen, als wäre das System vollständig gestört. Der Vater konnte sich das nicht erklären, zeigte seiner Frau den Kommunikator und wie die Verbindungen nicht aufgebaut wurden. Auch sie schüttelte mit dem Kopf.

„Schräg!“, meinte sie.

Die beiden Kinder gingen in das Bauwerk hinein. Nach wenigen Minuten kamen sie wieder heraus.

„Alles da drin funktioniert!“, meinte die Tochter.

„Angela! Was hast Du wieder angestellt?“, begann die Mutter. „Gar nichts!“, beteuerte Angela. „Aber als wir eintraten ging das Licht an. Ich war kurz auf

Toilette. Alles war sauber. Als würde da jemand wohnen!"

Die Eltern sahen sich an. Langsam wandten sie sich zum Gebäude. „Wo ist Anton?"

„Er musste auch mal aufs Klo!"

Sie gingen zum Gebäude, betraten es. Das Deckenlicht brannte. Die Apparate links und rechts der Tür waren eingeschaltet. Im Gegensatz zum Mond hatte das Gebäude keine Schleuse, in der die Mondfahrer erst mal warteten, bis ein Druckausgleich mit dem Inneren der Behausung erfolgte. Geräte blinkten. Der Vater wusste genau, was sie anzeigten. Er deutete auf verschiedene Anzeigen auf den großen Monitoren.

„Hier sind die wichtigen Daten abgebildet, die auf dem Mond überlebensnotwendig waren: Datum, Uhrzeit, Position, den Sauerstoffgehalt, die Temperatur innen und außen, Luftdruck innen und außen, Wer befindet sich in dem Gebäude und wo, gibt es irgendwo Lecks und andere Beschädigungen der Hülle, Sonstiges. Alles so wie auf dem Mond. Ich war ja oft genug da!"

Sie gingen den Gang weiter. Nach wenigen Metern endete er an einer Schleuse, links und rechts waren Unisex-Toiletten. Aus der rechten kam Anton. Er blieben stehen, als er seine Eltern und seine Schwester unvermittelt vor sich auftauchen sah.

„Ach gut, dass ihr da seid. Wart ihr schon hinter der Schleuse?"

Der Vater schüttelte den Kopf. „Wieso fragst du?"

„Weil ich von der anderen Seite Stimmen gehört habe. Ich dachte, dass ihr das seid!"

„Nein, wir waren die ganze Zeit hier!".

Der Vater musterte die Schleuse.

„Auf der Anzeige" – er wies mit dem Daumen über die Schulter – „Waren nur wir vier abgebildet. Wenn noch jemand hier wäre, dann müsste dies angezeigt werden. Seltsam. Bist Du dir ganz sicher, Anton?"

Anton nickte heftig. Der Vater wies die Familie an, beiseite zu treten und stellte sich vor die Schleuse. Sie war rund und sah stabil aus. Er wusste, dass sie bei einem Hüllenbruch in dem Bereich, in dem sie sich aufhielten, den Druck dahinter bewahren würden. Er atmete tief ein und aus und drückte auf den Öffnungsknopf. Die Schleuse öffnete sich, rollte nach rechts. Licht war angesprungen. Dahinter war ein kurzer Gang, der nach links abbog. Alles still. An den Wänden war eine Mondszene aufgemalt, aus den Zeiten des Anfangs, links als die ersten Menschen auf dem Mond landeten und rechts als die ersten dauerhaften Behausungen errichtet wurden. An der Decke war der Sternenhimmel über dem Mond abgebildet. Sie betraten den Gang, hinter ihnen schloss sich die Schleuse wieder. Sie erreichten die Biegung und sahen nach links. Ein Lift. Der Raum dahinter war durch die durchsichtige Tür gut auszumachen. Vater und Mutter sahen sich an. Der Vater drückte auf den Knopf, die durchsichtige Tür öffnete sich, sie stiegen alle ein. Der Vater zögerte.

„Wir sollten die Kinder draußen lassen!", meinte er. „Falls..."

Seine Frau schüttelte den Kopf.

„Wir gehen besser alle zusammen!"

Der Vater drückte auf den Knopf nach unten. Es gab keine Stockwerksanzeige. Nur den Knopf nach unten und darüber den nach oben. Sonst nichts. Dir Türen schlossen sich. Der Lift glitt nach unten. Sie sahen sich neugierig um. Das Licht an der Decke beleuchtete auch die Wände des Liftschachtes, die hinter den durchsichtigen vier Liftwänden gut zu erkennen waren. Nach einigen Augenblicken stoppte der Lift. Die Türen öffneten sich. Sie stiegen aus und standen in einem zwei Stockwerke hohen hell erleuchteten Raum. Überall standen Rechner, weißgekleidete Gestalten bewegten sich zwischen den hohen Rechnertürmen. Zwei kamen auf sie zu. Sie erinnerten an Zwillinge. Sie blieben vor der Familie stehen und sahen sie an. Der Vater fühlte sich unbehaglich angesichts der Blicke.

Die beiden hoben simultan die rechte Hand. Sie zeigte in der Mitte einen kleinen roten Punkt, der leuchtete. Der Vater hob auch die rechte Hand zum Gruß. Die Mutter und die Kinder folgten seinem Beispiel.

„Wir hatten eine Autopanne direkt am Rondell und suchten hier Schutz!", meinte der Vater und lächelte.

Die beiden anderen lächelten nicht, sahen ihn nur an. Eine unbequeme Pause trat ein. Da begann der eine zu sprechen.

„Wie kommen Sie hierher? Das ist ein verbotener Bereich. Niemand hat die Zugangsberechtigung!"

„Wie gesagt, wir hatten eine Autopanne...".

Der Vater wies zur Decke. „Oben, am Rondell...!"

Weitere weißgekleidete Personen erschienen. Sie standen um die Familie. Sechs, sieben, neun, schließlich zehn umringten sie. Sie beschlich ein seltsames Gefühl. Eine weitere Person erschien, schlanker, größer. Sie stellte sich vor den Vater.

„Nennen Sie mich Nemo. Ich leite das alles hier. Wie ich erfuhr, hatten Sie eine Autopanne am Rondell und sind über den Lift hierhergekommen!"

Der Vater nickte. Nemo nickte mehreren Personen auf der linken Seite zu, sie entfernten sich zum Lift, fuhren mit ihm nach oben.

„Wo...wo sind wir hier, und was ist das für eine Abteilung?", fragte der Vater. Er deutete auf die Rechner.

„Das hier", meinte Nemo, „ist das Herzstück der Anlage, die sie als 'Die Stadt' kennen. Alles wird von hier gesteuert. Die Fahrzeuge, die Häuser ... selbst die Bewohner!"

Er deutete auf die rechte Hand des Vaters, ergriff sie, drehte die Handfläche nach oben und drückte auf mehrere Stellen am Handballen. In der Mitte der Handfläche begann ein roter Punkt zu blinken. Andere Personen ergriffen die rechten Hände der Familie, taten es Nemo gleich. Bei allen drei begann in der Mitte der Handfläche ein rotes Licht zu blinken.

Plötzlich hoben alle Anwesenden die rechte Hand bis zur Brust, der Punkt leuchtete jetzt bei allen.

„Wir sind die Stadt, wir sind die Bewohner", riefen alle synchron. „Wir sind alle gleich. Die Menschen gegangen, wir sind gekommen. Bei uns herrscht Frieden und Wohlstand. Wir alle sind verantwortlich für die funktionierende Gesellschaft. Wir alle sind gleich!"

Alle senkten die Hände.

Die Familie fuhr mit dem Lift nach oben. Drei Personen erwarteten sie und geleiteten Sie an den Rand des Rondells. Dort wartete ein neuer Wagen auf sie. Die Familie stieg ein und fuhr los. Sie blickten nicht zurück.

Kampf mit den Ämtern

Als der Mensch alles erschaffen hatte, was er zum Leben brauchte und vor Langeweile nicht mehr wusste, was er machen sollte, erschuf er die Bürokratie. Je schlimmer die Bürokratie wucherte, desto mehr fühlten sich viele Menschen in ihr wohl, tauchten in den Anträgen und Formularen unter. Für Außenstehende schwer verständliche Abfolgen und Zuständigkeiten sicherten den verbeamteten Ämtlern ihre Positionen. Wer einen ruhigen Job haben wollte – der ging zum Amt. Das war immer schon so und würde auch immer so bleiben. Weltweit. Gesichter waren austauschbar, die viele Formulare und Zuständigkeiten blieben.

Jeder von uns kennt das Gefühl der absoluten Hilflosigkeit, wenn er vor einem der massiven Schreibtische steht oder sitzt, hinter dem einer der Hohepriester des Paragraphendschungels thront und ihn nach Formularen fragt, die man nicht hat und auch nicht wusste, dass man sie für den Antrag benötigt. Und dann kommt der Normalbürger ins Straucheln, beginnt sich für die mangelhafte Vorbereitung zu entschuldigen. Huldvoll nickt der Beamte und schaut einem über den Rand der Brille aus mitleidig an.

„Der Nächste!"

Und man steht mechanisch auf, entfernt sich rückwärts gebückt aus dem Bannkreis der Macht und ist froh, dem allmächtigen Beamten entkommen zu sein.

Bis zur nächsten Audienz.

Die Lösung auf alle Fragen des Universums ist…

Uni, Vorlesung in der Kirche

Es war zu Semesterbeginn proppenvoll in der Kirche. Diese Örtlichkeit gegenüber der Uni wurde gewählt, weil sie nahe und ausreichend groß war.

Zur Einführung hatte der Professor gesagt: „Meine Damen und Herren, jetzt drängen sie sich auf den Bänken und an den Wänden. Aber es sei ihnen versichert, dass nach einem Semester alle einen Sitzplatz haben werden!"

So war es auch. Für Ingenieure begann mit dem ersten Semester eine Auslese, die hauptsächlich durch die Fächer Mathematik und Baumechanik erfolgte. Normalerweise ging die Mathematik immer der Mechanik um zwei Wochen voraus. In diesem Falle hatte der junge Professor für Baumechanik, frisch von der Bundeswehrakademie gekommen, den Vorsprung mehr als wettgemacht und war in Führung gegangen. Gestern hatte er Massenschwerpunkte über gekrümmte Flächen angesprochen und vierfach-Integrale verwendet. Die meisten klappten die Hefte zu. Kaum einer konnte ihm folgen. Der Mathe-Professor hingegen war ein umgänglicher Mensch, der den Studenten half und sich bei den Prüfungen mehr als fair zeigte. Er stand an der großen Tafel und schrieb sie voll.

Unweit von mir schlief S., wie so oft. Er schnarchte nicht, sein Kopf war nach vorne gesunken und er schien nachzudenken. Sein Kumpel Michael neben ihm schrieb mit. Er hörte mit dem Schreiben auf, stupste S. in die Seite und raunte ihm halblaut zu: „Der Professor hat dich jetzt was gefragt!"

S. stand auf und rief laut: „Die Antwort auf alles ist 42!"

Der Professor drehte sich irritiert herum, während alle um S. herum lachten.

„Nein!", meinte der Professor. „Die Antwort auf die Aufgabe ist 1/3 x^3."

S. begriff, dass Michael ihm einen Streich gespielt hatte und stupste ihn lachend an.

September

Alles für die Tonne

Wenn ich das Wort Tonne höre, denke ich unwillkürlich an ein Fass. Sehe den Daubner, der die Fassdauben bearbeitet und all die anderen Menschen, die ein Fass zusammenbauen und es auch stolz in ihrem Namen tragen: Daubner, Faßbender, Fassbinder, Böttcher, Küfer, Büttner oder auch Schäffler. In Fässern wurde vieles transportiert, von Wein über Lebensmitteln hin zu Wasser und Pökelsalz. Auf Schiffen war der Vorrat häufig in Fässern untergebracht. Vielleicht kletterte Sam Hawkins in Stevensons Schatzinsel auch deswegen in ein Apfelfass und hört zufällig die finsteren Pläne Long John Silvers. Oder Bilbo Beutlin, der die gefangenen Zwerge aus der Höhle der Waldelfen befreit und sie in Fässer steckt, bevor sie alle durch eine Bodenluke in den Fluss geworfen werden. Er springt hinterher und klammert sich an eines der Fässer fest. Auch in Märchen gibt es häufiger Fässer, in denen oder mit denen einiges passiert. In Grimms Märchen „Die zwölf Brüder" wird am Ende die böse Schwiegermutter in ein Fass mit kochendem Öl und giftigen Schlangen gesteckt. Andere werden in Fässer gepackt, in die von außen Nägel geschlagen wurden und werden einen Abhang heruntergerollt.

Die Fässer haben die Menschheit einen langen Weg begleitet und sind ein unersetzbarer Bestandteil in der Wein- und Whiskey-Herstellung. In einem Weinkeller zwischen all den großen Weinfässern zu stehen, vermittelt einem das Gefühl von Ewigkeit – aber auch von der Notwendigkeit, manches einfach gelassen hinzunehmen. Zeit hat in einem Weinkeller keine Bedeutung, höchstens die verschiedenen Jahrgänge zeigen die verstreichenden Jahre an.

Manche Leute stellen Möbel aus kleinen Fässern her, Tische und Regale. Fässer wird es noch lange geben.

Bei den Tonnen ist alles anders. Sie bestehen aus Metall, sind zylindrisch, maschinell hergestellt.

Denke ich an eine Tonne so kommen wir sofort Assoziationen hoch: Fass Rohöl, das Fass mit Giftstoffen wie in Seveso, die Armen, die an einer Ecke in einer amerikanischen Kleinstadt sich um eine Ghetto-Tonne drängen und sich am Feuer wärmen. An Musiker, die auf Tonnen spielen. In einer Survival-Sendung hat der Protagonist aus leeren Fässern und dünnen Baumstämmen ein Floß gebaut, damit einen breiten Fluss überwunden und gelangte sicher auf die andere Seite.

Aber es fehlt die Wärme wie bei einem Fass

Daher ziehe ich ein Fass immer einer Tonne vor.

Der Zettel / Das Geschenk

Die Männer in dem Lokal drängten sich aneinander, tranken Bier, hielten sich an warmen Teetassen fest. Die Männer hatten wenig Geld, die meisten Werften waren jetzt über den Winter geschlossen oder beschäftigten nur wenige Arbeiter. Wer einen Job hatte, wurde meist von der Frau auf dem Weg nachhause abgefangen und musste das Geld abgeben, damit er es nicht in den nahen Kneipen versoff. Einer der Männer saß etwas abseits von den andern. Er trug einfache Kleidung, Jacke und Hemd an Ellenbogen, Kragen und Saum mehrfach geflickt. Während die anderen über das Wetter, die Arbeit, Familie und andere Themen sprachen, schwieg er, antwortete bestenfalls einsilbig.

In der nächsten Gruppe steckten die Männer die Köpfe zusammen. Einer sprach davon, dem Schweigsamen ein Geschenk zu unterbreiten. Sie vermuteten, dass er sich vor der Polizei hier verbarg. Vielleicht schuldete er auch anderen Geld, oder er drückte sich vor dem Unterhalt … der Gerüchte ab es viele. Der Mann blieb ruhig, trank seinen wieder aufgegossenen Tee und sah an den Männern vorbei hinaus in den Schneeregen, der gegen die Fenster drückte.

Die Männer holten eine kleine Schatulle hervor, etwas größer als eine Zigarettenschachtel. Sie holten ein kleines steinernes Ei hervor, das sie in die Schatulle legten. Ein anderer nahm die herumliegende Zeitung, riss das Frontblatt heraus und begann die Schatulle darin einzuwickeln. Sie lachten. Einer nahm das Paket und wandte sich an den Mann.

„Hallo, wir haben hier ein Geschenk für Sie!" Mit diesen Worten legte er das Paket vor den Händen des Mannes ab, die ruhig auf dem Tisch neben der Tasse lagen. Der Mann sah den Sprecher an.

„Wie komme ich zu der Ehre?"

Er sprach mit ruhiger sonorer Stimme, offensichtlich gebildet. „Eine kleine Aufmerksamkeit von uns, weil sie immer so allein sitzen!"

Der Mann wickelte das Geschenk aus, legte das Papier auf den Tisch, strich es glatt. Er öffnete die Schatulle, besah sich das steinerne Ei, griff danach und holte es raus. Die Männer lachten. Es entglitt dem Mann und rollte über die Zeitungsseite. Er griff danach, hielt inne, hob das Blatt hoch, begann sie zu lesen. Das Ei rollte unbeachtet vom Tisch. Der Mann sprang auf, warf den Kopf zurück und lachte laut auf, dass die Umgebenden in ihren Gesprächen innehielten und ihn anstarrten.

„Hahaha, ich bin unschuldig! Sie haben endlich den wahren Mörder vom alten Mueller gefunden! Ich muss mich nicht mehr verstecken!"

Er wandte sich an den Mann, der ihm das Paket übergeben hatte. „Vielen Dank für das tollste Geschenk von allem! Jetzt kann ich zu meiner Familie zurück und muss mich nicht mehr verstecken!"

Er verließ eilig die Wirtschaft.

Die Männer sahen ihm nach. Der Sprecher stand auf und ergriff die Zeitungsseite, in die sie die Schatulle eingeschlagen hatten. Laut las er vor.

„Der fünf Jahre zurückliegende Mordfall Frank Mueller wurde jetzt aufgeklärt. Der Butler gestand den Mord an seinem Dienstherrn. Der Neffe des Ermordeten, William Mueller, der der Tat verdächtigt und durch Aussagen des Butlers schwer belastet wurde, floh nach der Tat. Bislang konnte er nicht ausfindig gemacht werden." Er ließ die Zeitung sinken.

Wandererlebnisse

Folgt man berühmten Menschen, so wundert man sich über deren Wanderungen. Sei es Hermann Hesse, der täglich Strecken wanderte, die ich mit dem Fahrrad oder Auto fahren würde, oder Ernst Jüngers Wanderungen *Im Granit, Fahrten und Wanderungen auf Korsika*, Régis Évariste Hucs intensive *Schilderung der Wanderungen durch die Mongolei nach Tibet*. Früher war es für die Menschen selbstverständlich gewesen, lange Strecken zu Fuß zurückzulegen, oftmals in schlechtem Schuhwerk oder gar barfuß. Die heutigen Menschen haben das Gehen verlernt, erledigen selbst kurze Wege mit dem Auto.

Als ich klein war, spielte ich oft bei unseren Nachbarn, den Müllers. Sie bekamen häufig Besuch von einem Mann, den mein Freund Paul immer Onkel Alfred nannte. Onkel Alfred war sehr dünn, hatte eingefallene Wangen. Wenn ich mit den Müllers zu Tisch saß, bekreuzigte sich Onkel Alfred immer vor dem Essen. Irgendwann erklärte er mir, dass er Gott dafür danken würde, dass er Russland überlebt hatte. Russland? Wieso überlebt? Für mich war das nicht mehr als ein riesiger bunter Fleck auf der Weltkarte in meinem Zimmer. Mein Vater und ich tippten immer wieder auf Länder und errieten die Hauptstätte. Ich war ganz gut darin und wusste: Russland, beziehungsweise die Sowjetunion, mit Hauptstadt Moskau. Manchmal trank Onkel Alfred auch viel Bier und auch Schnaps. Da kam er ins Reden. Wir hörten seine tiefe Stimme bis ins Pauls Kinderzimmer. Einmal unterhielten sich die Eltern über das Wandern. Paul und ich spielten mit einem Westernfort im Wohnzimmer, vor der Couch. Gerade griffen Indianer auf Pferden und zu Fuß das Fort an, verteidigt von Cowboys und Soldaten. Onkel Alfred unterbrach die Eltern in ihrem Gespräch über das Wandern, bückte sich, ergriff Paul und setzte ihn auf seinen rechten Oberschenkel.

„Weißt Du, Paul, früher bin ich auch viel gewandert. Als Kind viel mit meinen Eltern im Schwarzwald oder in Österreich in den Bergen. Später als Soldat bin ich durch Frankreich, Dänemark, Norwegen, Jugoslawien und Griechenland gewandert. Auch in Russland war ich. Da bin ich mit meinen Kameraden bis nach Stalingrad marschiert. Und nach der Gefangennahme gleich weiter bis nach Sibirien. Fünf Jahre in Sibirien. Da bin ich nur durch Wälder marschiert und habe an Bahnstrecken und Wegen mitgebaut. Dann bin ich 1949 von Sibirien in die Heimat zurückgewandert. Und dann, Paul, weißt Du, was ich dann gemacht habe?“

Er roch nach Bier und Paul sah ihn fragend an.

„Dann habe ich meine Füße hochgelegt und bin nie wieder gewandert. Ich bin für mein Leben genug gelaufen.“

Er setzte Paul wieder ab und trank sein Bier.

Oktober

Wer anderen eine Grube gräbt

„Ich grabe immer Gruben für andere. Wer anderen eine Grube gräbt!", lachte der Mann an der Theke und trank sein Bier.

„Wieso?", fragte der junge Mann unweit von ihm.

„Ich bin hier der lokale Totengräber!"

Der junge Mann wandte sich ihm zu, ließ sein Bier stehen, sah den Mann fragend an.

Der Totengräber lachte.

„Da müssen sie gar nicht so schauen, junger Mann!", sagte er. „Ich mache den Job schon mehr als 20 Jahre, habe schon viele unter die Erde gebracht."

Er trank sein Bier aus und bestellte ein neues.

„Das muss ein spannender Job sein!", meinte der junge Mann und stellte sich ihm als Michael vor.

„Josef!", meinte der Totengräber.

Kurzes Händeschütteln.

„Wieviel Arbeit ist das denn so? Wie geht das vonstatten?", wollte Michael wissen.

„Das hängt davon ab, wieviel zu tun ist. Manchmal sind es zwei Tote pro Woche. Manchmal auch mehrere Familien, nach Autounfällen vor allem. Normalerweise benutzen wir einen kleinen Bagger, manchmal auch noch von Hand!"

Michael überlegte.

„Würdest du mir das mal zeigen?"

Josef zögerte, blickte ihn über sein Bier hinweg an.

„Warum willst du das sehen?"

„Finde ich einfach interessant. Habe das immer nur in Serien im Fernsehen gesehen. Und in den Western, wenn der Totengräber nach einer Schießerei in den Saloon kam, die Hände rieb und fragte: Hier wurde geschossen?"

Beide lachten.

„Würde wissen wollen, wie so eine Grube erstellt wird, wie groß sie ist, so etwas in der Art!", meinte Michael leise. „Habe so etwas noch nie gesehen."

„Warst du nie auf einem Friedhof?"

Michael zuckte mit den Schultern. „Nur ab und zu, als ich klein war, um meine tote Oma zu besuchen. Da gingen wir Sonntags ab und zu hin, meine Mutter und ich, Vater hatte uns schon lange verlassen. Wir reinigten die Steinplatte mit dem Namen und den Daten der Oma. Manchmal ließ Mutter frische Blumen da, die wir beim nächsten Besuch beseitigten. Meistens musste ich die Blumen wegwerfen."

Josef überlegte.

„Wir haben drei Gräber frisch ausgehoben, für die drei Drogendealer, die sich vorgestern gegenseitig umgebracht haben bei der Schießerei draußen vor der Stadt. Wenn du willst, kann ich es dir morgen zeigen. Jetzt ist es schon dunkel!"

„Ich finde es in der Nacht spannender!", meinte Michael. „Oder spukt es auf dem Friedhof?"

Jetzt lachte Josef.

„Natürlich nicht. Dachte du wolltest das alles tagsüber sehen."

Michael zuckte mit den Schultern.

„Nachts auf einem Friedhof, das hat was!"

Josef trank sein Bier aus.

„Ok, ich fahre mit dir zum Friedhof. Jetzt!"

Michael nickte, trank ebenfalls sein Bier aus, bezahlte für beide. Draußen wies Michael auf einen Sportwagen.

„Ich folge dir!"

Josef ging zu einem alten Pick up, Rasenmäher und andere Geräte und Werkzeuge auf der Ladefläche verzurrt. Josef stieg ein, startete, schaltete die Scheinwerfer ein, fuhr vom Parkplatz vor der Bar. Im Rückspiegel verschwand die Neonreklame der Bar.

Josef lenkte den Wagen außerhalb der Stadt auf einen Freeway, fuhr nach zehn Minuten auf eine staubige Straße, vorbei an Trailern und einfachen Häusern. Nach einer halben Stunde Fahrt hielt vor einem Tor mitten in einer Mauer, die beiderseits nach wenigen Metern in einen brusthohen Zaun überging.

Josef hielt, stieg aus, ließ den Motor laufen, schwang die beiden Tore auseinander, winkte kurz Michael im Sportwagen hinter ihm zu und fuhr hindurch. Michael folgte. Nach wenigen Metern hielt er neben dem Pick up. Josef stieg aus und wartete auf Michael. Der Mond schien hell über der Landschaft. In Reih und Glied standen hier zahlreiche Gräber, Holzkreuze, Steinplatten, Namen, Daten.

Unweit vom Parkplatz stand ein Minibagger neben drei aufgeworfenen Gräbern. Josef wies dorthin und Michael folgte ihm. Am nächsten Grab blieb Josef stehen und wies hinein.

„Wir heben die Gräber in der Regel acht Fuß aus, zwei Fuß rechnen wir für den Sarg, blieben noch die berühmten 'six feet under!'"

Michael trat näher heran.

„Hier kommen die drei Drogendealer rein?", fragte Michael.

Josef nickte. „Die drei haben sich draußen in der Wüste getroffen. Zwei Mexikaner haben auf den Weißen geschossen, der hat sie aber auch noch erwischt. So sind alle drei gestorben. Ich war bei der Obduktion teilweise anwesend und habe mit dem Sheriff gesprochen. Die Sachen werden den nächsten Angehörigen übergeben."

Michael ging zum nächsten Grab. Plötzlich drehte er sich um, hielt eine Pistole in der Hand, die auf Josefs Herz zeigte. „Ich weiß, was geschehen ist!", sagte Michael. „Der dritte war mein Bruder. Er hatte die beiden anderen aufgesucht, um mit ihnen vermeintlich ein Geschäft zu machen, aber in Wirklichkeit wollte er Informationen über unseren Vater erfahren, der hier vor sechs Monaten verschwand. Er wollte hier 30 Kilogramm Kokain vom mexikanischen Drogenkartell kaufen und wurde nie wieder gesehen. Mein Bruder hatte mich angerufen vor der Schießerei, bei der alle drei starben. Die beiden Mexikaner haben ihm bestätigt, dass du für die Drogenmafia arbeitest und hier auf dem Friedhof die Leichen für sie entsorgst. Du legst die Leichen einfach in die Erde unter die Särge. So findet niemand die Vermissten wieder!"

Michaels Gesicht wurde hart.

„Aber hier hast du einen Fehler gemacht!"

Er wies mit dem Pistolenlauf in die erste Grube.

„Los, hinein und vertiefe das Loch!"

Josef sah sich um. Er nahm eine Schaufel vom Aushub und sprang in die Baugrube, begann zu schaufeln. Die ausgehobene Erde warf er auf den bestehenden Hügel. Dunkel Wolken tauchten alles in dunkle Schatten. Michael hielt sich abseits von Josef, außerhalb seiner Reichweite.

Nach einigen Minuten schien Josef fertig zu sein, war in der Grube schwer auszumachen, nur sein Kopf war noch zu sehen. Er stütze sich auf die Schaufel und sah zu Michael hinauf, der näher trat. Bevor Michael reagieren konnte, hielt Josef eine Pistole in der Hand und schoss dreimal. Die Einschläge warfen Michael nach hinten, die Waffe fiel ihm aus der Hand. Mithilfe der Schaufel machte Josef in die Grubenwand Trittlöcher und stand nach wenigen Augenblicken neben Michael, der versuchte zur Waffe zu kriechen, die unweit von ihm lag. Josef trat ihm in die Seite, er fiel auf den Rücken. Josef hob Michaels Waffe auf und steckte sie ein.

„Du hast wohl gedacht, dass ich nicht durchschauen würde, dass du der Bruder des toten Drogendealers bist. Aber er trug ein Bild von dir und eurem Vater mit sich, als der Sheriff und ich deren Taschen durchsuchten. Ich habe dich in der Bar sofort erkannt. Dein Pech!"

Er wies mit der Pistole auf das Grab, das er weiter ausgehoben hatte. „Jetzt wirst du wieder mit deinem Bruder vereint sein. Morgen wird er im kleinen Kreis beerdigt werden. Und du wird den besten Platz haben. Direkt unter ihm. Euer Vater liegt hier in der Nähe. Am gleichen Tag wurde noch eine alte Frau beerdigt. Euer Vater liegt unter ihr!" Josef lächelte. „Wer anderen eine Grube gräbt, gräbt sie manchmal für auch für mehrere! Niemand wird dich mehr finden!"

Er schoss Michael zweimal in die Brust, steckte die Pistole hinten in den Hosenbund. Dann durchsuchte er den Toten, nahm ihm die Geldbörse, Ausweis und alles ab, was er bei sich trug und steckte es ein. Er zog die Leiche zum Grab, legte sie daneben ab und stieß sie mit dem Fuß hinein. Dann schaufelte er ausreichend Erde hinein, bis Michaels Körper vollständig bedeckt war.

Er fuhr Michaels Sportwagen vom Friedhof, parkte ihn einige Hundert Meter davor unter Bäumen. Er ging zurück, stieg in seinen Pick up, fuhr los, parkte kurz am Tor, schloss es ab und fuhr zum Sportwagen. Die Autoschlüssel legte er auf dem Vorderreifen unter dem Kotflügel ab. Jemand würde den Wagen später holen kommen.

Mit einem Lächeln fuhr Josef davon.

Fast hätte er sich selbst die Grube gegraben.

Gesellschaft

Wenn ich an das Wort Gesellschaft denke, fällt mir das Buch „Farm der Tiere" ein, wo an der Wand stand: „Alle Tiere sind gleich." Und später stand darunter „Einige sind gleicher!"

Die Unterschiede machen uns aus, sie dürfen nur nicht zu groß werden, ansonsten zerbricht eine Gesellschaft. In Goldings „Herr der Fliegen" zeigt sich der ganze Wahnsinn einer auf sich gestellten Gruppe von Kindern auf einer einsamen Insel, wenn gesellschaftliche Regeln fehlen. Sie machen sich ihre eigenen Gesetzte und Regeln, ihre eigene Gesellschaft. Seit Anbeginn der Zeit haben die Menschen Gemeinschaften gebildet, die zusammen eine Gesellschaft bildeten. Es gab allgemein verbindliche Vorgaben und Gesetze, an die sich alle halten mussten, nur so funktionierte die Gesellschaft.

Zur Aufrechterhaltung bestellten die Bestimmer in der Gesellschaft Leute, die über die Einhaltung der Regeln zu wachen hatten. Im Film „Flucht ins 23. Jahrhundert" haben alle Menschen einen Kristall in der Handfläche, der mit den Jahren die Farbe wechselt. Mit 30 Jahren gehen alle in ein Karussell und lösen sich darin auf. Für jeden der geht, wird ein neuer Mensch geboren. So bleibt die Zahl der Lebenden immer gleich.

Viele Bücher und Filme befassen sich mit Auswüchsen der menschlichen Gesellschaft. Von den brutalen Kämpfen im „Brot und Spiele"-Kolosseum, über Anthony Burgess' „Uhrwerk Orange" bis hin zu „Soylent Green", wo sich die Menschheit selbst auffrisst. Wir alle sind ein Teil der Gesellschaft und wir alle sind dazu angehalten, diese Gesellschaft auch aufrechtzuerhalten für unsere Kinder. Wir sind auch diejenigen, die einen Wandel der Gesellschaft durchführen können und müssen, wenn sie in Bahnen abgleitet, die wir nicht wollen. Es ist unsere Gesellschaft und nicht die der anderen. Das dürfen wir niemals vergessen.

Freiheit

Mich haben immer Menschen fasziniert, die für ihre Freiheit und Selbstbestimmung aufstanden und kämpften. So wie Spartakus, der als Sklave in der Arena gegen andere Sklaven kämpfen musste und sich und andere befreien konnte. Er brachte die Weltmacht Rom mehrmals an den Rand einer Niederlage. Revolutionen und Aufstände prägten das Bild der Menschheit. Die russische Revolte war das unvermeidbare Ergebnis der brutalen Unterdrückung durch den zaristischen Apparat und den Verlust des 1. Weltkrieges. In alten Filmen sieht man Leute auf den Straßen der russischen Städte stehen, angsterfüllt wegen der auf sie zielenden Soldaten, doch sie wankten nicht. Viele starben beim Umsturz. Was macht einen Menschen zum Übermenschen? Die Angst vor der Unfreiheit? Der Kampf darum? Das Bewusstsein, dass es etwas Größeres gibt als man selbst? Was verleiht uns die innere Kraft, nach dem zu streben, was uns glücklich macht? Viele trauen sich nicht, ihre Träume auszuleben. Schade. Ihnen entgeht eine unglaublich beseelende Ruhe, wenn das Angestrebte erreicht worden ist. Ich habe einst eine Weltreise gemacht, obwohl alle möglichen Leute Bedenken anmeldeten. Meine Freiheit ist es, das zu denken, was ich will und das zu tun, was mir gefällt: Diese Zeilen zu schreiben.

November

Lust und Frust

Ich ließ meine Fingerspitzen langsam über die Haut der Frau gleiten, die auf dem Bauch neben mir lag. Ich begann bei der linken Fußsohle, was sie kitzelte, ließ die Finger langsam über die Waden gleiten, verharrte in der Kniekehle, ließ sie langsam weiter nach oben gleiten, über die Oberschenkel bis zum prallen Gesäß. Dann wechselte ich auf die andere Seite des Körpers, begann erneut am Fuß. Ich konnte spüren, wie sie die Berührung genoss. Ihr Körper bewegte sich langsam unter meinen Fingern. Als ich am Gesäß angelangt war, ließ ich die Hand kurz dort verweilen.

Ich schob ihr langes blondes Haar zur Seite und begann ihr den Nacken zu massieren. Dann auch den Kopf. Sie lag ruhig da, die Arme lang ausgestreckt, den Kopf auf die linke Seite gedreht. Ich wusste, dass sie die Augen geschlossen hatte. Das tat sie immer, wenn ich sie massierte. Ich liebte es, ihren warmen sanften Körper zu berühren und liebte die Geschmeidigkeit ihrer Haut.

Langsam ließ ich die Fingerspitzen von ihrem Nacken der Wirbelsäule entlang nach unten gleiten, ließ die Fingerkuppen tanzen. Spürte ihre Bewegungen unter meiner Berührung. Ganz langsam näherte ich mich ihrem Gesäß, ließ meine Finger darum herum gleiten.

Meine Finger…

Ich bemerkte, dass mich jemand ansprach. Sah mich um. Gesichter sahen mich an, einige lachten. Ich sah hoch. Frau Rudolph stand vor mir, blond, drall, mit kurzem Kleid und gespannter Bluse, rotem Mund. Die Frau, die neben mir gelegen und die ich soeben massiert hatte!

Sie musste eine Frage gestellt haben, sah mich an. Stille im Raum.

„Thomas, wo warst du mit deinen Gedanken? Ich habe Dich gefragt, was Goethe mit dem Mephisto ausdrücken wollte, als er sich in der Stube aus dem Pudel in die Person manifestierte...“ Sie sah mich an. Ich sah nur auf ihre volle Bluse, zuckte mit den Schultern. Sie bemerkte meinen Blick. Ich sah auf, wurde rot.

Sie nahm jemand anderen dran.

Nach der Stunde rief sie mich zu sich ...

Sinne

Früher hatte mich ein Satz über die Schönheit einer Frau fasziniert: Wie sollte ich ihre Schönheit beschreiben? Wie sollte ich einem Blinden Farben erklären? So ist das mit den Sinnen. Wir alle riechen, schmecken, sehen, hören, fühlen und erleben. Unsere Sinne spielen uns manchmal Streiche. Sie gaukeln uns etwas vor, was gar nicht da ist, eine Fata Morgana. Manchmal stehe ich irgendwo und ein Geruch löst unvermittelt eine Erinnerung in mir aus, meist etwas aus der Kindheit, als wir noch unbedarft alles aufnahmen, was um uns herum war.

Mit allen Sinnen genießen.

Stehe mitten im Wald und atme tief die würzige warme Luft ein, genieße den Geruch der Sommerblumen. Um mich herum tanzen Schmetterlinge in der Luft. Einige setzen sich auf meine Schultern. Vögel zwitschern in der Nähe. Fühle die warme Luft auf Unterarmen und Gesicht. Kann nicht genug davon bekommen. Alles überflutet mich und ich lasse es geschehen.

Eine sanfte Stimme. Deine. Du trittst an mich heran und gibst mir einen Kuss.

Auf Knopfdruck

„Die Drecksmaschine funktioniert mal wieder nicht!", tobte Stefan im Wohnzimmer.

Er befummelte den Staubsauger, schaltete ihn ein und aus. Nichts! Seine Frau fragte aus der Küche, was denn los sei. „Der verdammte Staubsauger funktioniert nicht! Eben ging er noch."

„Dann reinige mal das Rohr. Wenn es verstopft ist, schaltet sich das Gerät automatisch ab."

Der Mann nahm das Saugrohr auseinander, blickte hindurch. Bis auf Staubreste war das Rohr sauber. Er baute es wieder zusammen. Seine Frau war aus der Küche ins Wohnzimmer gekommen, trocknete mit einem Tuch einen Teller ab.

„Was ist denn?", fragte sie.

Der Mann war sichtlich sauer.

„Das verdammte Ding soll auf Knopfdruck funktionieren und tut es nicht. Verdammte Technik! Früher konnte man auch den Wagen einfach selbst reparieren, heute werden nur noch Teile ausgetauscht!"

Aus dem Flur ertönte ein Kinderlied. Ein kleines Mädchen sang dazu.

„Oh Mann, schon wieder!", meckerte der Mann. „Das Lied spielt die Kleine den ganzen Tag!"

Er war genervt und ging in den Flur. Dort hockte ihre Dreijährige auf dem Boden neben einem Kassettenrekorder, aus dem die Musik drang. Das Kabel steckte in der Steckdose. Er sah auf die Tochter hinab und musste lachen. Sie hatte den Staubsauger ausgesteckt und ihr Gerät eingesteckt. Er lachte noch, als er mit dem Stecker ins Wohnzimmer kam und neben der Tür einsteckte. Sofort sprang der Staubsauger an, der noch eingeschaltet war.

Dezember

Literarischer Adventskalender

„Wie jedes Jahr, so wird es auch in diesem Jahr einen literarischen Adventskalender geben!", meinte Regina und schaute in die Runde. „Es sind 24 Tage bis Weihnachten, wir sind sechs Autoren. Da sollte jeder von uns schon vier Texte zusammenbringen können, oder wie seht ihr das?"

Die anderen aus der Runde schwiegen und sahen sich an. Was sollten sie auch sagen? Jedes Jahr das gleiche Spiel und am Ende rauften sie sich zusammen und brachten die Geschichten beieinander. Einige nahmen alte Geschichten. Und die anderen taten so, als hätten sie es nicht bemerkt. Das ging jedes Jahr so. Sie stellten die Geschichten zusammen, verpackten sie in bunte Briefumschläge und hängten diese an eine Holzplatte mit 24 rotbemalten Wäscheklammern, die die Briefumschläge hielten. Die Platte wurde zu einer weihnachtlichen Veranstaltung ins Altersheim gebracht, wo die Geschichte des Tages jeweils vorgelesen wurde, vorgetragen vom Autor selbst. Alle Autoren waren anwesend. An den anderen Tagen lasen die Angestellten die Geschichten abends vor. Zumindest sagten sie das. Regina glaubte den Beteuerungen nicht. Letztes Jahr hatte sie in einen Brief eine kleine Feder eingelegt; und als sie nach Weihnachten die Platte abholten, kontrollierte sie die Briefumschläge. Und die Feder war noch immer da.

„Das macht doch keinen Sinn!", meinte Igor, der Neue der Gruppe.

Jünger und agiler als die anderen wollte er immer etwas bewegen und musste oft eingebremst werden. Die meisten anderen Mitglieder waren Frauen und älter. Er schrieb am liebsten Geschichten über Leidenschaft und

Verbrechen, die anderen eher um das Älter werden, Vergangenheit, Familie.

„Wie ich gehört habe, sind die Geschichten bislang nur auf wenig Resonanz gestoßen!", meinte Igor. „Wir fahren zweimal hin und die Geschichten der jeweiligen Tage werden vorgelesen. Die alten Leute, die dort sitzen, kämpfen eher mit dem Schlaf als mit unseren Geschichten. Denen kann man alles vorlesen. Wir sollten etwas für jüngeres Volk machen! Wann lesen wir in der Kirche, der Stadtbibliothek oder der Universität vor?"

Regina winkte ab. „Das Thema hatten wir schon. In den Kirchen lassen die nur weihnachtliche Geschichten kurz vor Heiligabend zu und in der Stadtbibliothek war schon die Leserunde. Wir wurden nicht dazu eingeladen. So ist das nun mal, Igor. Wir bleiben beim Altersheim. Das Publikum läuft uns wenigstens nicht weg!"

Einige lachten. Entspannt ging es weiter. Die Autorenrunde besprach die kommenden Veranstaltungen und wichtige Termine. Dann gingen sie auseinander.

Igor ließ das Thema nicht los. Er ging zum Altersheim, wo sie immer vorlasen, stellte sich den Angestellten vor und ein Pfleger führte ihn in den großen, hellen Aufenthaltsraum, wo die alten Menschen meist in Rollstühlen an Tischen saßen.

Auf der großen Leinwand lief ein Film. Igor erkannte sofort Casablanca, einen seiner Lieblingsfilme. Er sah sich um. Unweit von ihm war ein Platz frei. Er setzte sich zu einem alten Mann, der noch ganz rüstig für sein Alter schien. Er trug eine Strickjacke und hatte etwas zu Schreiben neben sich. Ab und zu nahm er den alten Füller und schrieb etwas in das aufgeschlagene Heft.

„Guten Tag, Entschuldigung!", meinte Igor. „Darf ich fragen, was sie hier aufschreiben?"

Der alte Mann hielt inne und drehte sich zu ihm herum. Wache hellblaue Augen im zerklüfteten Gesicht. Jemand, der offensichtlich das Leben in allen Facetten kannte.

„Warum wollen sie das wissen? Sie sind keiner der Pfleger. Ein Angehöriger?"

Igor stellte sich vor.

„Ich bin im Autorenkreis der Stadt und wir schreiben die Adventsgeschichten, die wir hier vor Weihnachten vorlesen. Da wollte ich mit einigen der Leute hier reden, um mir ein Feedback zu holen, was sie gerne hören möchten!"

Der alte Mann schwieg, sah ihn an. Er kämpfte offensichtlich mit sich und mit dem, was er sagen wollte.

„Die meisten hier haben keine Lebenslust mehr, abgeschoben hierher von der Gesellschaft und den Familien. Niemand will uns mehr. Ich bin vor sechs Monaten hier von meiner Familie untergebracht worden. Sie wollten mein Haus und haben mich kurzerhand vor Gericht entmündigen lassen. Ich kann ihnen nur sagen, junger Mann: Werden sie nicht alt! Es ist furchtbar, alt zu werden!"

„Wie alt sind sie?"

„Nächstes Jahr nulle ich. 90 steht dann auf dem Kuchen. Falls ich einen bekomme!"

Er verzog sein Gesicht zu einem Lächeln.

Igor mochte den alten Mann, seine Stimme war tief und fest und angenehm. Er mochte den Blick der blauen Augen, das verschmitzte Lächeln.

„Dürfte ich mit ihnen das Gespräch führen?", fragte Igor.

„Worüber?"

„Ihr Leben, Herr..."

„Walczak, Sigismund Adolf Walczak!"

Als Igor ihn ansah lachte Walczak auf.

„Als ich geboren wurde, war Adolf ein beliebter Vorname."

„Angenehm, Igor Blasikovski!"

Sie verzichteten auf das Händeschütteln.

„Erzählen sie mir doch von ihrer Herkunft, wo und wann wurden sie geboren, über ihre Eltern, ihren Werdegang."

Igor legte sein Handy auf den Tisch und drückte auf die Diktierfunktion. Der alte Mann sah ihn an, dann auf das Handy.

„Ich wollte nur das Gespräch aufnehmen, damit ich es zuhause abhören und Sachen in Ruhe abtippen kann. Natürlich nur, wenn sie damit einverstanden sind!"

Walczak nickte.

„Ich wurde am 24. Februar 1933 in Königsberg geboren, meine Eltern waren Gemischtwarenhändler. Die Familie lebte schon seit mehr als fünf Generationen in der Gegend. Einige waren Offiziere gewesen, die meisten Beamte und Kaufleute. Ich erinnere mich an meine unbeschwerte Kindheit. Mein Vater war ein erfolgreicher Kolonialwarenhändler. Er setzte mich auf Kisten mit Waren aus Südamerika oder Indien. Ich bekam Ingwerkekse zu essen und beobachtete ihn, während er Kunden bediente. Als ich noch klein war, sah ich überall die Fahnen der Nazis an den Straßen hängen. Ein neuer Aufbruch, ein Ruck ging durch das ganze Volk. Auch als Kind konnte ich das spüren. Alle waren bereit für etwas Neues. Mein Vater war in die Partei eingetreten und trug stolz das Abzeichen. Wir hatten auch jüdische Nachbarn gehabt, die irgendwann nicht mehr da waren. Ich erinnere mich an den alten Schulfreund meines Vaters, einen Juden, der eines Tages mit seiner Familie bei meinem Vater erschien und ihn um Hilfe bat. Sie saßen alle am

Küchentisch und mein Vater ging vor ihnen auf und ab. Ich sehe ihn heute noch da stehen. Dann nickte er, verließ mit ihnen die Küche. Erst nach dem Krieg erfuhr ich, dass er die Familie in unserer einsamen Waldhütte untergebracht hatte. Immer wieder brachte er Proviant dorthin. Sie überlebten unerkannt und unbehelligt den Krieg. Später wanderten sie in die USA aus, der Kontakt brach schließlich ganz ab. Wir durchlebten den Krieg in all seinen Formen. Zuerst wurde er ängstlich bejubelt, mit jedem Sieg über Frankreich, Dänemark, Norwegen, Griechenland wurde ausgelassen gefeiert. Mein Vater trug mich dann stolz auf seinen Armen jubelte laut. Später jubelte er weniger. Viele aus unserer Familie mussten in die Armee. Auch Onkel Jakob, von dem meine Mutter immer sagte, dass er ein Schürzenjäger sei. Als Kind begriff ich das nicht, erst später."

Walczak berichtete von seiner Kindheit, seiner Jugend in der schönen Stadt Königsberg, die nach dem Krieg von den Russen in Kaliningrad umbenannt worden war. Er berichtete von unbeschwerten Tagen als Kind in und außerhalb der Stadt, von den vielen Abenteuern, die sie erlebten. Und schließlich musste auch seine Mutter aus der Stadt vor den Russen fliehen. Sie fuhr mit einem Pferdewagen aus der Stadt, ihre Habseligkeiten aufgestapelt, sein Vater blieb beim Volkssturm. Er hatte ihn nie wieder gesehen. Im Westen landeten sie in einem Auffanglager bei Leipzig, flohen weiter Richtung Köln, wo ihr Onkel Jakob untergekommen war. Endlich war dieser unselige Krieg vorbei. Er packte mit an, Steine zu schleppen.

„Nicht wie heute, mit dieser heutigen Jugend!", meinte Walczak. „Bei uns gab's keinen Friday for Future oder wie das heute heißt. Dafür gab's reichlich Steine schleppen!",

Er lächelte. Igor fühlte sich zu diesem Menschen hingezogen. Nach einer Stunde machte er eine Pause, Walczak konnte sich erholen und sammeln. Nach einer weiteren halben Stunde hörte Igor auf. Er dankte Walczak und fragte ihn, ob er ihn noch einmal, aufsuchen könnte. Seine Story war es wert, aufgeschrieben zu werden. Walczak nickte.

„Für uns Alte ist es gut, wenn wir unsere Geschichte weitergeben können. Dann geht sie nicht verloren!"

Er lächelte.

Igor dankte ihm noch einmal und sagte ihm, dass er am kommenden Dienstag oder Mittwoch könne, ab 17 Uhr. Walzak nickte und Igor ging. Zuhause ordnete er die Aufzeichnungen und hörte sich die Aufnahme des Gespräches an, schrieb mit, diktierte. Es ging gut. Er war neugierig auf mehr, auf die neuen Jahre. Am nächsten Mittwoch war Igor wieder da. So ging es mehrere Wochen.

Als sich Heiligabend näherte, wurde wieder eine Lesung in dem Altersheim anberaumt. Igor hatte die Geschichten geschrieben und an Regina geschickt. Aber er hatte auch eine längere Geschichte geschrieben, über Sigismund.

Die Alten saßen an den Tischen, tranken Kaffee, aßen Kuchen. Die Autoren saßen auf der niedrigen Empore nebeneinander. Regina hatte das Mikrofon und kündigte die Lesung an. Sie hatten beschlossen, dass jeder eine kurze Geschichte lesen sollte. Igor war als letzter dran. Er nahm das Mikrofon und erhob sich.

„Jedes Jahr lesen wir kurze Geschichten vor, die wir uns ausdenken. Dabei sitzen die Geschichten uns gegenüber. Sie alle haben spannende Lebensgeschichten, sie alle sind lebendige Geschichte. Ich möchte hier nicht einen meiner Texte vorlesen, sondern über ein Leben berichten, was mir einer ihrer Bewohner beschrieben hatte.“

Er räusperte sich und sah zu Walczak hinüber, der ihn direkt ansah. Er hatte sich zuvor die Bestätigung von Walczak geholt, dass er seine Geschichte präsentieren durfte.

„Ich heiße Sigismund und wurde 1933 in Königsberg geboren. Meine Eltern...“

Igor erhielt viel Zuspruch, die Älteren blühten beim Zuhören der Geschichte auf. Später im Gespräch teilten sie den Autoren ihre Geschichten mit. Diese versprachen, sie wieder aufzusuchen und sie aufzuschreiben. Das taten sie auch und hielten die Lebensgeschichten fest. Die Geschichten wurden gesammelt und im PDF-Format auf einer gemeinsamen DVD festgehalten. Die DVD wurde an das schwarze Brett gehangen, daneben die Fotos aller, die ihre Texte beigesteuert hatten. Die Torte mit der 90 obenauf hatte Igor Sigismund zu seinem Geburtstag überreicht, und sie bliesen gemeinsam die Kerzen aus.

„Auf die nächsten 90!“, hatte Sigismund gerufen und gelacht. Igor besuchte Sigismund noch etliche Male, bis er eines Tages durch einen Pfleger erfuhr, dass dieser tags zuvor friedlich eingeschlafen war.

Das Adventsgesteck

„Wo ist denn das Adventsgesteck vom letzten Jahr?", fragte Mutter aus der Küche.

Sie trat ins Wohnzimmer, wo Vater mir gerade aus der Zeitung vorlas. Ich saß auf seinem Schoß und hatte sie nicht gesehen. Vater ließ die FAZ sinken und sah Mutter an.

„Das weiß ich nicht. Wo hast du es denn hingetan? In den Wohnzimmerschrank gelegt oder in den Keller runtergebracht?"

„Es muss hier gewesen sein! Bin mir sicher, es hier in den Wohnzimmerschrank gepackt zu haben!"

Vater setzte mich ab, legte die Zeitung beiseite und trat zur Mutter. Sie hatte die Schubläden aufgemacht und auch von der Vitrine die Scheibe heruntergeklappt. Nirgendwo war das Gesteck zu sehen.

„Dann geh doch mal im Keller nachschauen!", sagte sie zu ihm.

Er nickte und verließ das Wohnzimmer.

„Immer muss ich die Sachen suchen, weil ihr alles durcheinanderbringt!", sagte Mutter.

Sehe sie noch wie heute dort vor dem Schrank stehen, die Fäuste in die Hüfte gestemmt, die Lippen geschürzt. Sie zeigte auf mich.

„Du bist auch nicht besser als dein Vater. Ihr beide verkrost immer die Sachen, anstatt sie aufzuräumen! Schau dir mal dein Zimmer an!"

Ich fand mein Zimmer prima aufgeräumt. Die Spielsachen waren sauber auf Haufen gestapelt. Es gab einen Haufen mit Autos, einen mit Playmobil, einen mit Lego, …

Vater kam wenig später zurück. Ohne das Gesteck in den Händen. Mutter sah ihn an. Sie hatte das schon erwartet.

„Und was sollen wir jetzt auf den Tisch stellen, Friedrich?"

Vater zuckte mit den Schultern.

„Kaufen wir einen neuen!", meinte er phlegmatisch.

Er war immer der ruhige Pol in der Familie.

„Kaufen! Immer nur kaufen! Ihr müsst endlich auf die Sachen aufpassen!", sagte Mutter. „Immer muss ich auf alles achten! Ihr macht mir viel Arbeit!"

Vater stand da, groß und kräftig. Für mich wirkte er immer wie ein Bär. Wenn er sprach, war seine Stimme ruhig, bedächtig und tief. So stellte ich mir immer einen Bären vor, der richtig sprechen konnte.

„Hast du schon überall nachgeschaut?", fragte Vater.

Er trat an Mutter heran und schaute über sie hinweg auf den Schrank.

„Schau mal, da ist das Gesteck!", meinte er, langte hinauf und zog eine verstaubte Tüte hervor, aus der ein Teil des Gesteckes ragte. Er reichte sie der Mutter.

„Und wieso hast du ihn da oben hingelegt?", fragte sie ihn.

Er zuckte mit den Schultern.

„Wohl auf Anweisung!"

Mutter sah ihn wortlos an, nahm die Tüte mit dem Adventskranz und trat in die Küche.

Wenig später stand das Gesteck mitten auf dem Esstisch, vier rote Kerzen darauf. Eine brannte. Wir setzten uns, Vater und Mutter tranken Kaffee, ich erhielt einen Kakao und Kekse.

Licht und Schatten

Der Mann hob die Hand und sah durch seine Finger in den blauen Himmel.

„Früher, mein Sohn“, sagte er zu dem Jungen neben ihm, „gab es Licht und Schatten.“

„Was ist Schatten, Vater?“

„Wenn wir gingen und die Sonne schien, hatten wir dunkle Abbilder von uns auf dem Boden, die uns überall hin folgten. Die nannten wir Schatten. Aber die Menschen hatten so viel Angst vor dem Dunkel der Nacht, dass sie eine zweite Sonne an den Himmel setzten. Die Dunkelheit verschwand und mit ihr die Angst. Pflanzen und Tiere mussten sich umstellen. Viele starben, viele passten sich an und gediehen. Auch wir Menschen passten uns an und schliefen in unseren Zimmern, dunkelten künstlich ab.“

„Wann war das?“

„Ich war noch ein Kind, als die zweite Sonne am Himmel erblühte. Der Himmel wurde schlagartig hell in der Nacht.“

„Was wurde aus den Schatten und der Dunkelheit?“

„Sie sind verschwunden und werden auch immer verschwunden bleiben! Sie wurden verbannt. Wir sorgen auch dafür, dass sie es bleiben!“

„Wieso wir, Vater?“

„Weil wir die Hüter der Dunkelheit und der Schatten sind, mein Sohn!“

Er führte ihn zum Rand der Klippe. Hier war eine Bucht zu sehen. Am Scheitelpunkt war ein großes stählernes Tor angebracht.

„Dort ist die Dunkelheit verborgen. Wir haben alle Schatten dort eingesperrt. Und mit ihnen unsere Ängste. Unsere Familie achtet darauf, dass das Tor geschlossen bleibt. Wir wurden auserkoren, darauf aufzupassen, dass das Tor ständig geschlossen bleibt. Und niemand darf sich diesem Tor nähern. Niemand! Auch wir normalerweise nicht!"

Der Vater nahm seinen Sohn an die Hand, sah sich um und ging mit ihm langsam den ausgetretenen Pfad Richtung Tor.

„Ich werde es dir heute zeigen. Damit du weißt, was du bewachen wirst, wenn du der Wächter sein wirst."

Sie folgten den Treppenstufen hinab in die Bucht. Der Junge hielt sich auf der Hangseite, sein Vater ging am Geländer entlang. So gelangten sie nach einer geraumen Weile unten an, gingen durch den Sand zum runden Tor, zehn Meter Durchmesser. In der Mitte prangte ein elektronisches Schloss. Sie blieben davor stehen. Der Vater führte seinen Sohn nahe heran. Es begann in seiner Brusthöhe. Er hob den Jungen hoch und wies ihn an, seine Hand an das Tor zu legen.

„Dahinter ist etwas, Papa!", meinte der Junge. „Ich kann die Bewegung spüren. Etwas drückt dagegen."

„Das sind die Schatten, die dagegen drücken. Sie wollen hinaus!"

„Was würde passieren, wenn sie rauskommen?"

„Dunkelheit und Angst käme über das Land. Und die Menschen würden sich wieder fürchten!"

Er setzte seinen Jungen wieder ab. Sie hörten leise Stimmen durch das Tor. Flüsternd, leise, lockend.

„Das sind die Schatten. Sie wollen hinausgelassen werden!"

Sie gingen zur Treppe zurück. Das Hinaufsteigen dauerte und immer wieder hielten sie an und sahen zurück zum Tor und auch hinaus auf das Meer. Die Sonnen schienen hell und klar, die ganze Bucht wurde ausgeleuchtet.

Oben blieben sie erneut stehen, schwer atmend. Die Bucht lag unter ihnen. Das Tor leuchtete im Gleißen der Sonnen. Am Strand plätscherten die Wellen gegen den ansteigenden Strand. Alles wirkte friedlich und unwirklich.

Die Jahre vergingen. Der Vater starb und der Junge übernahm die Position. Generationen kamen und gingen, das Tor blieb unberührt. Jeder neue Wächter wurde vom vorherigen an das Tor herangeführt und in seine Dienste eingewiesen.

Die Jahrhunderte vergingen. Die Wächter starben aus, die Menschen vergaßen das Tor und die Schatten und lebten im Licht der Sonnen.

Nach Jahrtausenden begann das Tor zu rosten. eines der Scharniere brach, ein Torflügel begann zu hängen. Nach vielen weiteren Jahren brachen auch die Scharniere auf der anderen Seite und die Torflügel kippten zusammen kreischend nach außen.

Ein Riesengeheul erklang aus der Höhle. Schatten schwebten aus dem Gefängnis hinaus – und verglühten sofort im Licht der Sonnen. Die Sonnenstrahlen ergossen sich in die Höhle und leuchteten auch den letzten Winkel aus.

So verschwanden die Schatten endgültig.

Alternatives Ende:
Das Tor öffnet sich und die Schatten kehren zu den Menschen zurück, begleiten sie auf Schritt und Tritt...

Sonstige Geschichten

Ein glücklicher Tag

Der Reiter zügelte sein Pferd am Rand des Talkessels und sah hinab auf das weite Rund mit der Oase in der Mitte. Sein Blick glitt über die aufgereihten Obstbäume und das viele Grün der Wiesen. Ein großes, luftiges Gebäude überragte die Bäume. Nach den Tagen in der Wüste war das viele Grün Erholung für seine Augen. Er schloss sie für einen Moment und genoss die Stille. Dann öffnete er sie wieder und sah sich um.

Die Sonne wusch den Nebel von den Hängen.

Es würde ein heißer Tag werden.

Der Reiter folgte dem Weg hinab in die Oase, der zu einem freien Platz mit einer Tränke führte. Dort stieg er ab, band seinen Rappen an und ließ ihn trinken. Er nahm den Sattel ab, legte ihn auf einen nahen Zaunpfosten und rieb mit der Satteldecke sein Pferd trocken, die Satteldecke hängte er ebenfalls über den Zaun.

Ein Weg schlängelte sich in Richtung des Gebäudes, das die Bäume überragte. Es wurde wärmer, Zikaden und Grillen zirpten. Er nahm eine kleine Tasche mit langem Band vom Sattel, die er sich umhängte, und folgte dem Weg. Mit allen Sinnen genoss er den Duft der Obstbäume, den Geruch der Blumen, das klare helle Blau des Himmels, die warme Luft auf seiner Haut.

Der Weg endete am freien Platz vor dem großen Gebäude. Er ließ den Blick über die vielen Alkoven und weitgeschwungenen Bögen streifen, nahm alles in sich auf, sog tief die Luft ein.

Endlich wieder daheim! Es sah genauso aus wie vor zwei Jahren, als er hier mit dem Segen der Eltern losgezogen war. Er sah seine weinende Mutter auf den Stufen stehen, sie winkte ihm, der Vater stand daneben, hob die

Hand zum Gruß. Damals war er losgeritten, hatte sich nicht mehr umgesehen. Wie mochte es ihnen ergangen sein?

Die Treppe zum Haupteingang erklomm er mit wenigen Schritten. Die Türen standen offen. Er betrat das Foyer, spürte einen kühlenden Luftzug. Treppen führten beiderseits nach oben. Eine Frau lachte, und er eilte die rechte Treppe hinauf. Durch einen Bogen trat er auf die überdachte Terrasse, geschwungene Bögen trugen das Dach. Hier standen drei Frauen. Eine erblickte ihn, legte die Hand vor den Mund. Die Frau, die mit dem Rücken zu ihm stand, drehte sich um. Ihre Augen wurden groß. Kurzer Augenblick des Innehaltens, dann stürmte sie auf den Neuankömmling zu.

„Jean, geliebter Jean! Endlich bist du zurück!"

Sie umarmte ihn und gab ihm Küsse auf die Wangen.

Jean lachte. „Ja, Schwesterherz, ich bin zurück. Der Krieg ist aus, die Aufständischen haben sich ergeben. Wir haben endlich Frieden! Endlich, nach all den Jahren der Entbehrungen!"

Die anderen beiden Frauen kamen ebenfalls zu Jean, umarmten ihn, küssten seine Wangen. Er umarmte die ältere.

„Mutter, oh Mutter, wie habe ich Euch vermisst!", sagte Jean und hielt sie fest.

Seine Mutter weinte, er musste sie trösten. Sie alle lachten und weinten.

„Das ist der schönste Tag in meinem Leben!", meinte seine Mutter unter Tränen und lachte gleichzeitig. „Endlich bist du wieder da, mein Sohn! Und wohlbehalten!"

„Wo ist Vater?"

„Er ist in der Stadt, Einkäufe machen. Wir wussten nicht, dass du heute kommen wirst!"

„Ich wollte euch eine Überraschung bereiten, Mutter!"

„Das ist dir gelungen!"

Er wurde noch öfters gedrückt. Sie traten an den Rand der Terrasse und blickten über das weite grüne Tal.

„Wie ist es euch ergangen? Wir haben in der Armee von Unruhen hier in der Gegend gehört, aber ich konnte nicht weg!"

„Es war nicht leicht mit der Farm, viele Männer wurden in die Armee eingezogen, andere verließen uns. Aber die Zeiten sind vorbei. Gott sei Dank!"

Seine Mutter drückte ihn eng an sich.

„Meine Gebete wurden erhört! Du bist gesund zu uns zurückgekehrt! Und jetzt bleibst du bei uns, für immer, mein Sohn!",

„Nie wieder gehe ich weg!", meinte Jean. „Das verspreche ich euch allen! Nie wieder verlasse ich euch!"

Und die Liebe wärmte ihre Herzen.

Wenn Blätter fallen I

„Du weißt genauso gut wie ich, dass sie unsere Leute aus dem Alltag verbannen wollen. Sie unterdrücken uns seitdem sie in unser Land gekommen sind. Unsere Leute wurden wie Menschen zweiter Klasse behandelt, gejagt, umgebracht. Die Überlebenden wurden auf kargem Land wie Vieh zusammengetrieben!"

Sie spazierten durch den Wald. Überall leuchteten die Blätter braun und beige und rot. Josef und Michael hatten Ruth in die Mitte genommen. Sie gingen durch das auf dem Boden liegende Laub und wirbelten es auf. Josef hielt inne, bückte sich, raffte einen großen Haufen Laub zusammen und warf ihn hoch in die Luft. Dann begann er, sich unter dem Laubregen um sich zu drehen, die Arme ausgebreitet, die Augen geschlossen, den Kopf in den Nacken gelegt. Einige Blätter fielen ihm ins Gesicht. Er wischte sie fort und folgte den andern beiden.

„Und was sollen wir deiner Meinung nach tun?", fragte Michael.

„Wir müssen etwas unternehmen. Wir müssen die anderen an der Universität aufwecken, ihnen die Augen öffnen und ihnen die Ungerechtigkeit aufzeigen", sagte Ruth.

„Aber ihre Leute sind überall. An unserer Universität gab es schon Proteste. Und die Wachen haben alle verhaftet. Man hat sie nicht mehr wiedergesehen. Niemand weiß, was mit ihnen geschehen ist!"

Ruth stieß Michael in die Seite.

„Mensch Michael, sei kein Feigling!"

Ruth ging einige Schritte vor und drehte sich zu den anderen um.

„Wir werden etwas unternehmen müssen, um die breite dumpfe Masse aufzuwecken, Michael!", rief sie. „Und dabei ist es egal, was aus uns wird! Die Wahrheit muss raus!",

Sie bückte sich, raffte Laub zusammen und warf es hoch in die Luft. Alle drei taten es und breiteten unter dem Laubregen die Arme aus.

Eine Woche später …

Michael und Ruth standen auf dem obersten Treppenpodest des Atriums. Drei Stockwerke unter ihnen lag der Eingangsbereich der Universität. Studenten und Professoren gingen dort ein uns aus. Josef stand unten, beobachtete die Umgebung. Zwei Professoren in ihren langen Talaren hasteten an ihm vorbei. In wenigen Minuten war Mittagspause und die Studenten und Dozenten würden das Atrium bevölkern. Er blickte hoch zu seinen Freunden. Michael zeigte Daumen hoch. Ruth lächelte ihn an.

Fünf Minuten später ertönten tiefe Schläge einer Uhr. Türen wurden geöffnet, Stimmen erklangen und Studenten füllten das Atrium. Josef sah erneut hinauf zu Ruth und Michael und nickte ihnen zu. Sie warfen Hunderte von Flugblättern hinab. Sie wirbelten durch die Luft wie Laub von den Bäumen. Professoren eilten hinaus, einer rief nach den Wachen.

Josef stand unten zwischen den verwunderten Studenten, die nach den Flugblättern in der Luft griffen oder sie vom Boden auflasen. Er breitete die Arme aus und begann sich mit geschlossenen Augen zu drehen. Er drehte sich immer noch, als die Wachen mit gezogenen Schlagstöcken auf ihn zustürzten.

Wenn Blätter fallen II

Der kleine Junge saß am Küchentisch und sah seinem Vater zu, der mehrere kleine Blätter quer zusammenklebte. Er faltete die Papiere einmal nach innen und einmal nach außen, dann legte er die Papiere auf den Tisch und strich sie glatt. Oben malte er einen Menschen auf, der breitbeinig und mit ausgebreiteten Armen stand. Er malte ihn mit dem Bleistift einen Helm und ein geschultertes Gewehr an. Der Soldat füllte das Blatt aus. Der Vater reichte die Blätter in Form einer Ziehharmonika an seinen Sohn weiter, der am Küchentisch ihm gegenübersaß.

„Hier, Peter, kannst Du deinen Scherenschnitt machen."

Der Junge nahm die Papiere, hielt sie mit der linken Hand fest und schnitt mit einer großen Schere ganz behutsam an den Außenlinien des Soldaten entlang. Dabei streckte er bisschen die Zunge raus. Peter tat das immer, wenn er sich auf etwas konzentrieren musste. Sein großer Bruder Stefan tat dasselbe.

Der Vater seufzte, als er an Stefan dachte. Stefan war vor kurzem eingezogen worden. Mit 17.

Peter schnitt weiter an dem Soldaten.

„Das ist ein Geschenk für Stefan!", meinte Peter.

„Darüber wird er sich bestimmt freuen!", meinte sein Vater.

Peter beendete die Schnitte und faltete die Blätter auseinander. Eine Reihe von Soldaten erschien, die sich alle an den Händen und Füßen berührten. Peter lachte. Sein Vater lächelte und streichelte ihm den Kopf.

„Das ist toll!", meinte er und Peter stellte die Blätter in der Zickzacklinie auf wie sie gefaltet waren. „Jetzt hat Stefan etwas Schönes, dann denkt er an uns!"

„Stefan denkt sicherlich ganz oft an uns, mein Sohn!"

Die Mutter kam herein. Sie war mager und blass und hatte ein vergrämtes Gesicht.

„Die Russen sind bald hier. Sie haben es im Radio gesagt. Wir müssen weg!"

In der Ferne erklang Artilleriefeuer. Peter schrak zusammen.

„Ich habe Angst!", meinte er, stand auf und eilte in die Arme des Vaters.

Der tätschelte ihm den Kopf und beruhigte ihn. Peter sah auf die Reihe der Papiersoldaten. Der Vater zeigte auf sie und lächelte.

„Siehst du, wie standhaft Deine Soldaten sind? Wie in der Geschichte vom standhaften Zinnsoldaten, die wir gestern gelesen haben!!

Peter nickte.

„Na siehst du, Peter. Solange die Soldaten stehen, wird uns allen nichts passieren".

Er schob Peter zurück.

„Und jetzt nimm deinen Rucksack, den wir gestern gepackt haben und komm sofort wieder her!"

Peter lief aus dem Zimmer, sie hörten ihn die Treppe hinaufpoltern.

Der Vater nahm seine Frau in den Arm und sie legte ihren Kopf an seine Brust.

„Du brauchst keine Angst zu haben, Katrin. Alles wird gut. Du wirst sehen! Wir werden uns nach Magdeburg zu meiner Tante begeben. Dort sind wir alle sicher. Der Krieg wird bald vorbei sein und dann sind wir wieder alle zusammen."

Nach wenigen Minuten war Peter wieder da. Oben am Rucksack hatte er sein Lieblingsstofftier festgebunden, einen braunen abgenutzten Teddybär, dem ein Auge fehlte. Der Vater zog eine ausgeblichene Jacke an, ging in eine Ecke der Küche und ergriff zwei Rucksäcke. Einen schnallte er sich um, den anderen nahm er in die Hand. Er trat aus der Küche hinaus in den Vorgarten. Die Frühlingssonne schien klar und hell. Es war ein schöner Tag. Die Mutter trat neben ihn, sie hatte Peter noch eine Jacke angezogen, sie selbst hatte auch ihre beste Jacke angezogen. Sie schlossen die Türen.

„Die Soldaten!", rief Peter und wollte zurück ins Haus. Der Vater hielt ihn zurück.

„Die warten auf uns, wenn wir zurückkehren!"

Sie hörten die Granate nur kurz. Dann schlug sie ein und tötete sie. Die Druckwelle zerstörte die Fassade des Gebäudes.

In der Küche fielen die Papiersoldaten um.

Wenn Blätter fallen III

Durch das vergitterte verglaste Fenster unterhalb der Decke fiel nur wenig Licht. Der Mann in gestreifter Kleidung stand in der Mitte des Raumes. Er breitete die Arme aus und stieß an beiden Seiten an die Wände seiner Zelle. Er trat an die Tür, stellte sich mit dem Rücken daran und durchmaß die Zelle. Vier Schritte. Nicht mehr. Er stellte sich auf den Bettrand mit dem linken Fuß, stemmte sich mit beiden Händen ab und drückte sich nach oben. So kam er mit dem Kopf fast an die Decke. Durch das Fenster sah er hinaus. Im bekiesten Hof, der sich an den Zellenblock anschloss, standen einige Bäume. Sie hatten die meisten ihrer Blätter verloren. Gefangene in gleicher Kleidung wie er klaubten das Laub mit den Händen zusammen. Sie packten es in einen großen Beutel, den einer von ihnen hielt.

Der Gefangene beobachtete die graue hohe Wand hinter den Bäumen. Er sah einen Wachturm, ein Posten stand dort vor dem Turmhäuschen, ein Gewehr lässig in die Hüfte mit dem Lauf nach oben gestemmt.

Er beobachtete die Gefangenen unten im Hof. Drei Wachen mit langen Schlagstöcken standen unweit der Gefangenen. Es waren ein Dutzend dünner Gestalten, die sich zwischen den wenigen Bäumen schleppten und das Laub aufsammelten. Wenn einer von ihnen in den Augen der Wachen zu langsam war, wurde er von ihnen angeschrien. Durch das Fenster konnte er nicht hören, was die Wachen schrien, aber er wusste es aus eigener Erfahrung.

Er beobachtete die Bäume. Sein Blick blieb an den Blättern hängen. Sie leuchteten beige und braun und rot in der Morgensonne. Es war frisch, einige der Gefangenen schienen zu frösteln. Vielleicht waren sie auch nur krank. In dem abgelegenen Gefängnis waren viele der Gefangenen krank. Die Wachen kümmerten sich nicht um sie. Ihnen war nur wichtig, dass keiner floh. Wenn einer starb wurde er in einem Bereich außerhalb des Gefängnisses verscharrt.

Der Gefangene beobachtete Blätter, die vom Baum fielen. An einer Buche beobachtete er ein rötliches Blatt an der linken Seite, ziemlich im Bereich des Wipfels. Es war ihm schon vor Tagen aufgefallen. Die anderen Blätter darum herum waren schon alle abgefallen. Es hielt einsam aus. Dieses Blatt, das sich der Natur widersetzte, gab ihm Kraft. Er fühlte sich diesem Blatt verbunden. Solange es am Baum war, konnte ihm nichts geschehen. Er fühlte die Kraft des Baumes, die durch das Blatt floss. Zumindest bildete er es sich ein. Das gab ihm Kraft. Das half ihm, die Zelle zu vergessen. Er schloss oft die Augen und genoss die Stille in seinem Inneren.

Er atmete tief ein und aus und schloss für Momente seine Augen. Stemmte sich weiterhin gegen die Wände ab und spürte die Anstrengung in seinen Armen und Beinen. Er fühlte sich wohl. Er machte Yoga, wie er es früher in Freiheit gemacht hatte. Jetzt half es ihm, seinen geschundenen Körper in Form zu halten. Er trat wieder herunter vom Bett und prüfte seine Arme. Nach den Schlägen gestern hatte er noch Schmerzen.

Er trat zurück, schloss die Augen, atmete tief ein und aus. Beruhigte sich.

Hinter ihm stocherte der Schlüssel im Schloss. Er blieb stehen, hob automatisch die Hände. Die Tür öffnete sich quietschend und ein Wachposten kam herein. Er hielt die Arme nach hinten gestreckt, der Wache entgegen. Diese legte ihm Handschellen um, zog ihn in den Gang hinaus. Die Tür wurde zugeschlagen, abgeschlossen. Er stand daneben, breitbeinig, den Kopf gegen die Wand gelehnt, die Arme nach oben geschoben. Die Wache packte seine Hände und drückte sie nach oben. Wegen des starken Schmerzes ging er in gebückter Haltung.

Nach wenigen Minuten waren sie am Ziel. Die Wache klopfte, eine Stimme rief „Herein", dann wurde die Tür von innen geöffnet und er wurde von der Wache hineingeführt. Brutal wurde er auf einen Stuhl gezerrt, seine Arme mit einem Seil an der metallenen Lehne festgemacht und ebenso die Füße. Ein Band wurde um seine Hüften und die Lehne gebunden. Er wusste, was kommen würde. Und er konnte nichts dagegen machen. Das Licht blendete ihn. Schemenhafte Gestalten in der Dunkelheit hinter der Lampe. Eine körperlose Stimme ertönte.

„Gefangener 334232, wie bekennen sie sich?"

„Unschuldig!"

Zwei Leute traten hinter ihm. Er konnte den Kopf nicht richtig bewegen. Sie hielten etwas in den Händen. Er versuchte sich zu ducken. Es ging jedoch nicht. Schläge fielen, auf seine Arme, Keine, Kopf und Oberkörper. Nach einigen Minuten hörten die Schläge auf.

„Gefangener 334232, wie bekennen sie sich?"

„Unschuldig!"

Er konnte nicht sagen, woher er die Kraft nahm, das so zu sagen. Er wollte sich schuldig bekennen, brachte es aber nicht über seine Lippen.

Die Schläge begannen wieder. Er wurde geohrfeigt. Blut lief ihm aus der Nase über das Gesicht. Schläge auf die Arme und Beine und Bauch folgten. Er wünschte sich nur noch, tot zu sein. Einfach zu sterben. Er war von den Leuten oft geschlagen worden. Sein Körper trug die Spuren der Folter. Er wollte nur noch sterben. Manchmal hatte er gespürt, wie er seinen Körper verließ, woanders war.

Die Schläge hörten endlich auf.

„Bringen sie ihn raus. Er soll mit den anderen arbeiten!", sagte die tonlose körperlose Stimme hinter der Lampe.

Zwei Wachen banden ihn los, zerrten ihn nach oben und hinaus aus dem Raum. Er musste gehen, setzte einen Fuß vor den anderen. Die Wachen richteten ihn im Gang auf. Einer wischte ihm an einem Waschbecken mit einem Tuch das Blut aus dem Gesicht.

„Damit du draußen hübsch aussiehst!", witzelte er.

Sie brachten ihn nach draußen. Die Sonne stand hoch am Himmel. Es war frisch, er fröstelte. Die Wachen brachten ihn zu der Gruppe von anderen Gefangenen, die das Laub vom Boden aufklaubten. Sie unterbrachen ihre Arbeit, sahen ihn an. Die Wachen schrien sie an, weiterzumachen. Die müden Gestalten begannen wieder, das Laub mit den Händen aufzusammeln.

Der Gefangene wurde in die Gruppe der anderen gestoßen. Er brach in die Knie, wurde hochgerissen.

„Los, hilf den anderen!", bellte ihn einer der beiden Wachen neben ihm an.

Dann gingen sie und ließen ihn wankend stehen. Mühsam machte er einige Schritte vorwärts. Er sah hinauf zum Baum vor ihm. Ein anderer Gefangener wollte ihn stützen, wurde von den Wachen zurückgestoßen.

Der Gefangene wankte und sah hinauf. Das Blatt, das er aus seiner Zelle beobachtet hatte, löste sich vom Ast und fiel langsam zur Erde, landete am Baumstamm. Seine Augen folgten dem Blatt.

Er spürte einen heftigen Schmerz, als würde ein heftiger Riss durch seinen Körper gehen. Seine Kraft schien aus ihm herausgesogen zu werden. Er fiel auf die Knie, krümmte sich nach vorne, seine Hände griffen in die Erde, presste sein Gesicht hinein, sein ganzer Körper lag flach auf dem Boden. Er war kalt und feucht und der Gefangene spürte es durch die dünne Kleidung. Aber er konnte nicht aufstehen. Er presste sich in die Erde, spürte, wie seine ganze Kraft aus seinem Körper herausströmte, in die Erde hinein.

Wachen kamen, brüllten ihn an, schlugen ihn. Er spürte, wie seine Kraft ihn vollständig verließ. Die Erde nahm ihn auf. Es wurde dunkel um ihn herum, die Stimmen verebbten.

Peter

Der alte Mann saß am Schreibtisch vor dem Laptop und starrte auf den Bildschirm. Dann schob er sein Gesicht näher heran, drückte auf einige Tasten. Die soeben geschriebenen Zeilen verschwanden. Er stand auf und ging zum großen Balkon, schob die Tür auf und trat hinaus auf die Holzbohlen, die den Boden bildeten. Blumenkübel hingen an der Balkonbetonwand, darin sprossen bunte Blumen. Der alte Mann stellte sich an den Rand des Balkons. Er beachtete die Blumen nicht. Er sah hinaus auf die Fußballplätze in einiger Entfernung. Spieler liefen auf den Platz, schossen mit Bällen. Ein Schiedsrichter pfiff, das Spiel begann zwischen gelben und roten Spielern. Der alte Mann folgte dem Spiel, den Angriffen und Torschüssen. Er dachte daran, wie er als junger Mann auf solchen Plätzen gespielt hatte. Auch als Kind auf dem Bolzplatz im Dorf, in dem er aufgewachsen war. Damals...

Er genoss den Anblick, die Helligkeit der Mittagssonne und deren Wärme. Die Balkone über und seitlich von ihm schirmten die meisten Sonnenstrahlen ab, aber hier am Rande des Balkons konnte er die Wärme direkt auf seinem Gesicht spüren. Er schloss die Augen und überließ sich den Liebkosungen der Sonne, die wie warme Hände über sein Gesicht streichelte. Wie lange er so gestanden hatte, konnte er nicht mehr sagen. Er hörte sein Handy klingeln und ging zurück in sein Apartment, schloss die Tür hinter sich. Das Handy lag auf einem kleinen Beistelltisch neben der Küche. Er hob es hoch, der Name seines besten Freundes erschien im Display und er drückte auf den grünen Knopf.

„Hallo Peter!", ertönte eine Stimme aus dem Lautsprecher.

„Hallo Frank! Alles in Ordnung bei dir? Wie geht es deiner Frau?"

„Ihr geht es gut. Sie muss allerdings zur Nachbehandlung noch etwa zwei Wochen im Krankenhaus verbleiben. Dann mal sehen."

„In Ordnung. Grüß Irene das nächste Mal von mir, wenn du sie siehst."

„Ja das mache ich Peter. Danke!"

„Ich gehe mal davon aus, dass wir uns heute nicht im Café treffen werden, oder?"

Peter konnte förmlich sehen, wie Frank am anderen Ende der Verbindung nickte.

„Du hast völlig recht. Ich wollte dir für heute leider absagen, Peter! Wie läuft das Verschicken der Exposés an die Verlage? Hast du schon Antworten von ihnen bekommen?"

Peter war mit dem Handy am Ohr an den Schreibtisch herangetreten und hob einen Brief auf. Unter dem bunten Briefkopf eines Verlages überflog er die wenigen Zeilen, die in der Aussage gipfelten: *Es tut uns leid, aber wir sehen von einer Veröffentlichung ihres überaus interessanten Buches ab, da es nicht in unser Sortiment passt. Bitte beachten Sie die Angebote anderer Verlage, die ihr Buch in ihr Sortiment aufnehmen können.* Peter ließ den Brief sinken und tauschte mit Franken noch einige Höflichkeiten aus, dann schaltete er das Handy ab und legte es neben dem Laptop auf die Ablage.

Peter setzte sich an den Schreibtisch und betrachtete den Laptop. Er nahm sich einen Ordner, der dahinterstand, und die Absage des Verlages und heftete sie darin alphabetisch ab. Den Ordner stellte er wieder zurück. Er sah auf, oberhalb des Tisches war ein mehrteiliges Regal angebracht. Im untersten Fach standen sechs Bücher nebeneinander, die seinen Namen auf dem Buchrücken trugen. Er nahm eines herunter und schlug es auf. Die Widmung lautete: Für meinen Sohn, wen sonst? Er sah zu der Wanduhr, die an der einen Seite des Apartments oberhalb des Sofas hing. Sie zeigte kurz vor 13 Uhr. Aus einer Schublade holte er ein DIN A5-Schreibbuch und einige Stifte, darunter auch einen Füller. Er prüfte die Menge Tinte im Schaufenster des Kolbenhubfüllers und trug alles zum Flur. Dort steckte er es in die Tasche einer Jacke, die am Haken hing, zog seine Hausschuhe aus und dunkle bequeme Straßenschuhe an. Jacke anziehen, Tür öffnen, auf den Flur hinaustreten, Tür zuziehen und abschließen war eine Sache von wenigen Augenblicken.

Im Flur prüfte er den Sitz des Mantels, ordnete den Kragen und ging den Flur bis zu den Liften. Hier im großen Appartementgebäude gab es etwa zwanzig Appartements pro Etage, zehn gingen zu einer ruhigen Nebenstraße hin, zehn zum Garten. Bei sechs Etagen machte das 120 kleine Appartements. Peter kannte nur wenige Nachbarn. Er war vor zwei Jahren hier eingezogen, nach der Pensionierung, hatte das kleine vierzig Quadratmeter Appartement mit kleiner Küche und Badezimmer mit Badewanne von einer Freundin erstanden. Vorher hatte er in einer Drei-Zimmer-Wohnung gelebt. Er hatte sie damals gemietet, weil sein Sohn ihn nach der Scheidung von seiner Mutter fast an jedem Wochenende besuchte.

Später, als dieser studierte, war ihm die Wohnung zu groß erschienen. Und jetzt mit der Pensionierung hatte er sich verkleinert. Viele Möbel hatte er abgegeben, aus dem Doppelbett wurde ein Einzelbett, von den vielen Büchern hatte er noch ein Viertel behalten. Aber das war auch mehr als genug. Er liebte die Aufgeräumtheit seiner kleinen Wohnung. Japanisches spartanisches Wohndesign hatte ihn immer fasziniert. Er liebte das Klare, Aufgeräumte.

Peter verließ die Wohnung und stieg über das Treppenhaus hinab ins Erdgeschoss. Er benutzte selten den Aufzug. Hier waren die dualen Briefkästen angebracht. Von außen konnte der Briefträger Briefe oder Päckchen hineinstecken. Von innen konnten die Bewohner die Kästen öffnen und alles Eingeworfene herausnehmen. Er sah nach. Ein Brief eines Verlages. Er steckte den Brief ein und verließ das Haus. Draußen blieb er neben der Eingangstür stehen und sah sich um. Wenige Menschen auf den Straßen, wenig Verkehr.

Er wandte sich nach links und ging zielstrebig zu einer Kreuzung, überquerte sie. Dahinter begannen Gassen und kleine Straßen. Er ging eine Viertelstunde, vorbei an Blumenläden und kleinen Geschäften. An einer Buchhandlung blieb er stehen und besah sich die preisreduzierten Bücher in der Kiste vor dem Eingang. Eines nahm er auf, blätterte es durch. Es war ein Bildband über japanisches Design. Er ging hinein. Die junge Verkäuferin begrüßte ihn mit Namen. Er legte das Buch auf die Tresen und wanderte ein bisschen durch den kleinen Laden. Er liebte den Geruch von Büchern. Er liebte es, in einer Buchhandlung zu sein. Wenn er eine betrat, schien die Zeit stillzustehen. Früher hatte er sich auch gut vorstellen können, im Mittelalter in einem Skriptorium eines reichen Klosters zu sitzen und Schriften zu kopieren. Handschriftlich.

'Bestimmt eine tolle Arbeit!', dachte er sich. Manchmal stellte er sich vor, wie er an einem Schreibpult saß, den selbstgeschnitzten Griffel ins Tintenfass tunkte, am Rand abstreifte und dann die Zeichen auf vorbereitetes Papier übertrug. Peter nahm noch ein dünnes Buch von Haruki Murakami. Er liebte dessen Werke und hatte fast alle gelesen, *Mr. Aufziehvogel* und *Kafka am Strand* auch mehrmals. Wenn er keine Lust zum Lesen hatte, legte er sich auf die Couch und ließ Hörbücher laufen.

Er hatte ein Faible für viele Autoren. Er liebte von Hemingway 'In einem anderen Land', 'Wem die Stunde schlägt' und dessen Kurzgeschichten, von Mann 'Tod in Venedig' und den 'Zauberberg', von Hesse, 'Unterm Rad' und 'Lektüre für Minuten', Pessoas 'Das Buch der Unruhe', Kafkas 'Der Prozeß' und von Saint-Exupery 'Der kleine Prinz'. Er hatte die Bücher von Curzio Malaparte 'Blut', 'Kaputt', 'Haut', 'Der Zerfall' und Bruce Chatwins 'Traumpfade' und 'In Patagonien' verschlungen. Carlos Castanedas Bücher hatte er in einem gelesen. Oftmals blätterte er ein Buch durch und ertappte sich dabei, dass er es schon kannte.

Er legte Murakamis 'Schlaflos' ebenfalls auf die Tresen und bezahlte mit Karte. Die Verkäuferin lächelte ihn an, wünschte ihm noch einen schönen Tag. Er danke ihr, nahm die Papiertüte mit den Büchern auf und ging. Draußen erschien ihm alles lauter.

Er ging schneller, erreichte sein Lieblingslokal. Es war ein Café mit Stühlen und Tischen vor dem Eingang. Kurz überlegte er, dann setzte er sich an den hintersten Tisch, parallel zur Wand, Blick zur Straße. Er legte die Bücher neben sich und nahm den Bildband. Eine Kellnerin kam aus dem Lokal, lächelte ihn an. Er bestellte wie üblich einen Kaffee und ein Wasser und zu Essen ein Bauernomelett mit großem Salat. Wenig später kam die junge Kellnerin zurück und stellte alles vor ihm ab, wünschte ihm einen guten Appetit. Er legte das Buch beiseite, aufgeschlagen. Das Essen war gut, die Kartoffeln kross und das Rührei fest und gut gewürzt. Den leeren Teller stellte er von sich weg, ebenso die leere Tasse. Er legte das Buch wieder vor sich. Wenige Momente später trat die Kellnerin wieder hinaus und nahm den Teller auf.

„Hat es Ihnen geschmeckt?"

„Danke, Stefanie. Wie immer. Sehr gut."

Stefanie lächelte. Peter beobachtete sie und stellte fest, dass dieses Lächeln an der Tür verschwand. Er las noch in dem Buch weiter, blätterte es durch. Dabei trank er das Glas Wasser aus und bestellte einen Tee. Aus der Jackeninnentasche holte er den Brief hervor. Adressiert an ihn, Absender ein Verlag. Er rief in der Regel bei den Verlagen an, erkundigte sich nach den Ansprechpersonen für sein Genre und schickte seine Exposés und einen Schriftauszug direkt an die Person, mit der er sich ausgetauscht hatte. Viele waren kurz angebunden manche nahmen sich mehr Zeit. Das Resultat war nur immer gleich: Niemand wollte seine Bücher herausbringen. Kurz zögerte er, atmete tief durch und öffnete den Brief. Auch dieser Verlag schickte ihm eine freundliche Absage, offerierte aber, dass man im kommenden Jahr das Angebot überarbeiten würde und da könnte sein Buch möglicherweise einen Platz finden. Die Menschen lasen immer weniger, meistens Romane. Kurzgeschichten waren nicht gefragt. Er schrieb über alles Mögliche, was ihm in den Sinn kam: Philosophische Themen, Seeschlachten in der Antike, Gespräche von Geistesgrößen über alltägliche Dinge, Science Fiction und Fantasy, Belletristik. Einige Freunde hatten ihm geraten, das mehr zu trennen, aber er wollte dem Leser eine Auswahl bieten. Den Brief ließ er sinken, faltete ihn zusammen, steckte das Schreiben wieder in den Umschlag und legte ihn auf den Tisch. So blieb er mehr als eine halbe Stunde dort sitzen.

Der Schmerz setzte unmittelbar ein, durchströmte seinen ganzen Körper. Er krümmte sich, versuchte ruhig zu atmen. Langsam ließen die Krämpfe nach und er konnte sich zurücklehnen und durchatmen. Sie kamen jetzt häufiger und waren schmerzhafter. Peter trank den Tee und fühlte die Wärme durch seinen Körper strahlen. Sein Atem wurde ruhiger. Vorbei. Er blieb noch eine Weile dort sitzen. Aus der oberen Jackentasche holte er ein Tablettenröhrchen und entnahm ihm eine Tablette, die er mit etwas Tee herunterschluckte.

Er bezahlte wenig später bei der Kellnerin und ging dann langsam zurück, bog in den Park ab setzte sich am Flussufer auf eine Bank. Die Schmerzen waren fast völlig weg.

Hier blätterte er das Buch über japanisches Design zu Ende und steckte es in die Papiertüte zurück. Er beobachtete die Menschen, die an ihm vorübergingen, Liebespaare, tobende Kinder und deren entnervte Eltern, alle möglichen Spaziergänger. Hin und wieder sah er eine attraktive Frau. Er genoss den Anblick schöner Frauen. Die letzte Beziehung war jetzt einige Jahre her. Er hatte eine Freundin gehabt und geglaubt, dass er auch noch eine weitere haben könnte. Beide erfuhren voneinander – und er war wieder solo. Seitdem hatte ihn das Thema nicht mehr so interessiert. Frauen fand er klasse, aber er wollte nicht mehr mit einer zusammenleben. Dafür war die Wohnung auch nicht ausgelegt. Bestenfalls die Zwei-Wohnungen-Lösung.

Gegen 16 Uhr brach er auf. Zuhause holte er den Brief hervor, lochte ihn und heftete ihn alphabetisch ab. Er setzte er sich an den Tisch und schrieb an seiner Lebensgeschichte weiter. Er schrieb sie, um sich an die täglichen Ereignisse und Gedanken zu erinnern, aber auch, um die Erinnerungen an seinen Sohn und seine Tochter weiterzugeben. 'Mein Vermächtnis!' nannte er es.

Er rief seinen Sohn an. Als dieser nicht abnahm, sprach er auf den Anrufbeantworter.

„Hallo Johannes, dein Vater hier. Konnte dich eben nicht erreichen, wahrscheinlich bist du wieder für die Firma unterwegs. Melde dich mal, wenn du Zeit hast!"

Er legte auf. Sein Sohn würde wahrscheinlich nicht zurückrufen. Er tat das nur selten. Und dann hatte Peter das Gefühl, dass er es mehr aus Pflichtbewusstsein als aus Respekt vor seinem Vater tat.

Peter zuckte mit den Achseln.

Was sollte er auch sagen oder machen?

Einen Monat später stand sein Sohn in der kleinen Wohnung seines Vaters. Er hatte sie nicht so klein in Erinnerung gehabt, zwei Zimmer in Erinnerung. Er stand am Schreibtisch. Hier war der Geruch erträglich.

Es klingelte. Er fischte das Handy aus der Manteltasche.

Seine Schwester.

„Hallo Susanne. Hier Johannes. Ja, ich bin in der Wohnung des Vaters. Ja, ich habe auch schon mit der Polizei gesprochen. Sie haben die Tür geöffnet, weil sie einer von Vaters Freunden anrief und mitteilte, dass er unseren Vater schon mehrere Tage nicht mehr gesehen hatte und nicht erreichen konnte. Dabei wären sie täglich in einem Café verabredet. Als die Polizei mit einem Schlüsseldienst die Wohnungstür öffnete, bemerkten sie den Geruch aus dem Badezimmer. Er lag in der Wanne. Das Handy lag auf dem Boden daneben. Der Boden war noch nass. Sie vermuten, dass er in der Wanne einen Anfall hatte und nicht mehr rechtzeitig Hilfe rufen konnte. So ist er dann gestorben. Alleine. Ein Freund von ihm hat ihn identifiziert. Sie haben ihn gleich weggebracht. Nein, Fremdverschulden schließt die Polizei aus. Von innen war abgeschlossen und der Schlüssel steckte noch. Deswegen auch der Schlüsseldienst. Nein, du musst nicht kommen. Alles erledigt. Ich sage dir, wann die Beerdigung ist. Ja, ich kümmere mich um alles. Grüß deine Zwillinge und Herbert von mir!"

Er legte auf und sah sich um. Den Laptop schaltete er ein. Kennwort.... Musste er noch rauskriegen. Er hatte die Nummer vom Freund seines Vaters Frank von einem der Polizisten erhalten, der ihm die Tür der Wohnung öffnete. Er rief Frank an und fragte ihn nach dem Kennwort.

Dieser bat sich einen Moment aus, damit er nachschauen könnte. Er nannte Johannes das Codewort: Johannes_20031212. Sein Geburtstag. Johannes tippte die Buchstaben und Zeichen ein, der Monitor des Laptops erhellte sich. Johannes hatte das Handy neben den Laptop gelegt und auf Lautsprecher gestellt. Frank erzählte weiter: „Er hatte mir das mal mitgeteilt, falls er es vergessen würde. Dein Vater war ein ordentlicher Mensch, Johannes. Wir haben uns häufig getroffen zum Essen und Reden. Er ist … war ein toller Mensch. Ich werde ihn vermissen. Er hat immer gesagt, wie stolz er auf dich und deine Schwester ist. Er wollte immer ein berühmter Schriftsteller werden. Das war ein Jugendtraum von ihm. Das hat er leider nicht geschafft. Ich weiß, dass er seine sechs Bücher selbst herausbrachte. Aber er schrieb einfach weiter, immer weiter. Wie ein Besessener. Er hatte mir gesagt, dass er in enger Abstimmung mit Verlagen ist, die seine Bücher vielleicht herausbringen wollen. Ich denke, dass er dabei geflunkert hat. Wir alle negieren manchmal die Wirklichkeit!"

Johannes bedankte sich bei Frank für seine Hilfe. Frank beteuerte, dass Johannes ihn jederzeit anrufen könnte.

Sie beendeten das Telefonat mit Höflichkeitsfloskeln. Johannes entdeckte hinter dem Laptop einen Ordner mit dem Vermerk VERLAGE. Er holte ihn hervor und legte ihn neben den Laptop auf den Tisch. Er öffnete den Ordner. Oben waren zwei Zettel abgeheftet. Beim oberen stand INTERESSE und auf dem zweiten ABSAGEN. Das erste Blatt war leer, das zweite Blatt voll mit Namen der Verlage, wann angeschrieben, wann geantwortet. Sein Vater hatte sein ganzen Leben lang akribisch Buch geführt über alles was er tat. Das war wohl eine Berufskrankheit, schließlich war er Buchhalter gewesen. Nach 35 Jahren treuer Dienste hatte er von der Firma eine Abfindung und eine goldene Uhr erhalten. Als sein Vater wenige Tage später noch einmal ins Werk kam, um jemanden zu besuchen, ging er auch zu seinem alten Arbeitsplatz. Eine Neue saß schon da, seine Sachen waren alle in eine kleine Box gepackt, warteten darauf, abgeholt zu werden.

Leise war sein Vater wieder gegangen, hatte nicht mit der jungen Frau gesprochen. Er hatte die Begebenheit später seinem Sohn erzählt und ihn gefragt, wie sie mit Kollegen umgehen würden, die in Ruhestand gingen. Sein Sohn hatte kurz geschwiegen, dann gesagt: „Genauso, Vater!"

Johannes erinnerte sich an die Gespräche. Auch an die Telefonate mit ihm über die Bücher. Sein Vater hatte immer eine Leidenschaft für Bücher gehabt. Stets viel gelesen, seitdem er 14 Jahre alt war schrieb er auch. Eine Lehrerin hatte sein Talent entdeckt und früh gefördert. Durch Studium, Arbeit und Kinder war das Schreiben zum Erliegen gekommen. Erst mit Anfang fünfzig hatte er wieder angefangen zu schreiben und begonnen, alles Geschriebene in Buchform herauszubringen, was er geschrieben hatte. Da kam einiges zusammen.

Johannes blätterte die vielen Absagen durch, die sein Vater über die Jahre erhalten hatte. Davon hatte er niemals etwas erzählt. Er blickte zum Regal mit den ganzen Aktenordnern. Hier waren alle Geschichten aufbewahrt. Das war eine wichtige Sache für seinen Vater gewesen, die er unbedingt aus der alten Wohnung mitnehmen wollte. Damals hatte ihm sein Sohn geholfen, die Bücher einzupacken. Alles was er nicht mitnehmen konnte oder wollte brachten sie weg, zur Caritas oder zur Müllhalde. Viele Bücher hatte er in Bücherschränken untergebracht, einige auch in das Altpapier geworfen.

Johannes erinnerte sich an die Worte seines Vaters: „Johannes, Bücher sind etwas Heiliges. Sie halten das ganze Wissen der Menschen fest. Wer Bücher verbrennt, der verbrennt auch Menschen!"

Johannes stellte den Verlags-Ordner zurück. Daneben stand ein Ordner mit der Bezeichnung „An meine Kinder". Er nahm den Ordner, legte ihn auf den Tisch. Er schob den Laptop beiseite und setzte sich, klappte ihn auf. Obenauf war ein Zettel abgeheftet mit der Aufschrift: „An meine beiden großartigen Kinder. Hier ist meine Lebensgeschichte – falls sie euch interessiert. Ich schreibe jeden Tag an ihr, drucke sie aus und hefte sie hier ab. Meine Schmerzen werden mit der Zeit schlimmer, daher weiß ich nicht, wie lange ich schreiben kann. Aber ich möchte euch mitteilen, wie aus mir der Mensch wurde, den ihr kennt. Als kleine Erinnerung!"

Johannes atmete tief durch, löste die Sperre und blätterte weiter. Sein Vater beschrieb seine Familie, seine Eltern, Großeltern, Verwandten und Bekannten. Das Dorf, in dem er aufgewachsen war und auf dessen Straßen er gespielt hatte. Johannes las und las, manches übersprang er auch. Es waren viele Seiten. Durchnummeriert. Auf Seite sechzig schilderte er die Geburt seines Sohnes, wenige Seiten später auch die seiner Tochter. Beides für ihn schier überwältigende Erlebnisse. Immer wieder kam seine Liebe zu seinen Kindern durch. Johannes blieb sitzen, bis die Nacht einbrach. Er schaltete das Licht ein und las. Bis zuende. Der letzte Eintrag war wenige Tage vor seinem Tod. Er sprach davon, seine Kinder zu einem Fest einzuladen, das hier in der Gegend stattfinden sollte. Sein Vater plante, seine Lebensgeschichte als Buch herauszubringen und es seinen Kindern zu schenken. Johannes schloss den Ordner. Er blieb sitzen, blickte hinauf zu den Büchern seines Vaters. Er würde dafür Sorge tragen, dass bald dort ein weiteres seiner Bücher stehen würde.

Das weiße Zimmer

Der Chefarzt und die Anästhesistin kannten sich seit Jahren. Immer wieder waren sie zusammen Kaffeetrinken gewesen. Sie verband tiefer gegenseitiger Respekt, fachlich und persönlich. Nachdem seine Frau gestorben war, hatte er sich öfters bei ihr ausgesprochen. Er hatte ihr auch von seinem Umzug berichtet, fort aus der alten Wohnung, wo alles an seine tote Frau erinnerte. Er hatte ihre Sachen vollständig abgegeben, einiges davon hatte die gemeinsame Tochter genommen, Möbel gingen an eine gemeinnützige Organisation. Sie half ihm dabei, eine neue Wohnung zu finden. Es verwunderte niemanden, dass er sie irgendwann fragte, ob sie gemeinsam zum Abendessen ausgehen würden. Sie bejahte und er holte sie mit seinem Porsche von zuhause ab. Sie fuhren in die Innenstadt, er stellte den Porsche in einem nahen Parkhaus ab und sie gingen zum besten Italiener am Platz. Sie tranken Rotwein, aßen Fisch und Fleisch und Nudeln und hatten eine angeregte Unterhaltung. Sie berichtete über einige Missgeschicke auf der Arbeit und beide mussten lachen. In der entstehenden Pause fragte er sie zögernd, ob sie mit zu ihm kommen wollte. Nach kurzem Zögern bejahte sie. Sie tranken noch etwas und dann fuhren sie zu ihm. Er hatte ihr stolz berichtet, dass die neue Wohnung endlich genau nach seinen Wünschen eingerichtet worden war. Das hatte ihn viel Aufwand und viel Geld gekostet. Er fragte sie, ob sie mitkommen und die Wohnung sehen möchte. Sie parkten in der Tiefgarage und fuhren zu ihm hinauf. Er bewohnte eine Wohnung im obersten Stock. Als er aufschloss und sie einließ, stand sie in einem Flur, weiß gestrichene Wände, weißer Boden. Sie hängten die Jacken an Haken an der Innenseite der Tür auf und er zog seine Schuhe aus und stellte sie in das weiße kleine Schuhregal. Er bat sie, auch die Schuhe auszuziehen. Dann führte er sie ins Wohnzimmer. Es war groß und weiß gestrichen und bis auf eine weiße Ledercouch, zwei weißen Ledersesseln und einem Couchtisch mit weißer Tischplatte leer. Die Fenster auf der anderen Seite gaben den Blick frei weit hinaus auf das freie Land. Das Grün der Bäume und Wiesen bildeten einen starken Kontrast zum völlig weißen Raum. Ein halbes Dutzend weißer Statuen, alle weiß, standen mitten im Raum. Sie trugen Aktentaschen oder Rucksäcke, ebenfalls weiß angemalt. Die Puppen bildeten eine Straßenszene nach. Die Statuen berührten die Frau seltsam, sie spürte die Einsamkeit des Mannes. Statuen als Publikum und Familienersatz. Die Frau sah sich um. Der Arzt deutete auf die Couch.

„Nimm bitte Platz, Sonja!"

Sie setzte sich.

Er blieb stehen und sah sie an.

„Wahrscheinlich wunderst du dich, wo die ganzen Sachen sind, die in normalen Wohnzimmern untergebracht sind."

Er trat an die Wand links und öffnete Schubladen. Die ganze Wand war eine einzige Regalwand, mit Schubladen und Türen. Dahinter war die Musikanlage und viele CDs abgelegt.

„Auch vor den anderen zwei Wänden sind Einbauschränke eingebaut. Alles sauber. Die Putzfrau kommt zweimal die Woche."

Sonja sah sich um. Jetzt, wo er eine Schiebetür vor der Musikanlage offengelassen hatte, gewahrte sie die Anlage. Musik erklang aus verborgenen Boxen und füllte den Raum. Sie erkannte 'Moon Safari' von der Gruppe Air. „Ich habe mir eine Dolby-Surroundanlage von Bose hier einbauen lassen.

Ich liebe es, hier zu sitzen und Musik zu hören. Vor allem Klassik, Raga-Musik und Sachen wie dieses!" Er hob seine Hand. „Magst du die Musik?"

Sonja nickte. „Ich mag auch Jean-Michael Jarre, Dennis Hart und vieles andere."

Er hielt inne. Sonja sah sich um, nahm alles mit ihren Augen auf. Sie war sichtlich geschockt oder zumindest überrascht.

„Wie gefällt es dir?"

„Sehr gut. Ich mag diese Musik."

„Möchtest du den Rest der Wohnung sehen?"

Sie nickte und erhob sich. Er stand auf und führte sie in den Flur zurück, wandte sich nach links und öffnete eine Tür. Der Raum war weiß, wie der Rest der Wohnung. An der einen Seite stand das große weiß bezogene Doppelbett. Er bat sie an die eine Seite des Bettes und wies sie an, sich flach hinzulegen, die Arme flach neben den Körper ausgestreckt. Plötzlich hatte er ein Stethoskop in der Hand, steckte sich die Stöpsel ins Ohr und legte ihr den Flachkopfhörer auf die Brust.

Sonja drückte seine Hand beiseite, schwang die Beine heraus und stand auf. Sie trat zurück, an die Tür und sah ihn an. Er folgte ihr, sie streckte die Hand abwehrend aus.

„Weißt Du, Frank, das hier erschreckt mich. Völlige Sterilität, nichts Gewöhnliches oder Gemütliches. Alles in Weiß, selbst die Figuren sind weiß. Das zeigt mir deine Seele. Ich denke wir bleiben befreundet, aber etwas mehr wird es nicht geben. Sorry, tut mir leid. Ich finde selbst heraus, Frank. Danke Dir für den schönen Abend."

„Was...wie..."

„Ich rufe mir draußen ein Taxi. Alles gut."

Er folgte ihr und erreichte die Wohnungstür, als sie die Schuhe angezogen hatte und den Mantel ergriff. Sie öffnete die Tür, drehte sich zu ihm herum. „Danke dir, Frank. Ich hoffe Du findest die Frau, die zu dir passt!"

Sie trat in den Flur und fuhr mit dem Lift ins Erdgeschoss. Sie trat auf den Bürgersteig und sah zu ihm hoch. Frank stand auf dem Balkon und sah hinab. Er hob die Hand zum Gruß. Sonja winkte zurück und ging die Straße hinab. Sie holte ihr Handy raus und rief ein Taxi, das wenige Minuten später kam.

Sie blieben Kollegen, nach einem halben Jahr ließ sie sich versetzen.

Die Stimme

Thomas telefonierte mit seiner Freundin. Sie befand sich zuhause, mit ihrer Mutter und ihrer Tochter. Sie sahen sich häufig, sprachen jeden Abend miteinander. Beide empfanden es als gut, die Stimme des anderen zu hören.

„Ja, wir drei waren heute unterwegs, Mutter, Dorothee und ich!", sprudelte es aus Sophia heraus. „Wir mussten noch ein Nachthemd für Hermine kaufen, für ihren Krankenhausaufenthalt und ein neues Kleid für Alicia!"

„Und wo wart ihr?"

„Wir waren bei Apples and Brumbles, Woolworth, Changing clothes, ..."Sie nannten weitere Geschäfte, die Thomas allesamt nicht kannte.

Er liebte die Gespräche mit Sophia. Er verstand nicht viel von Frauen und nahm ihre Allüren, ihr Verhalten und ihre sprudelnde Kommunikation einfach auf. Seit seiner Ehe war er nur mit wenigen Frauen ausgegangen. Sophia war seine erste feste Beziehung. Sie kannten sich seit anderthalb Jahren, waren seit einem Jahr zusammen. Sophia hatte sein Leben umgekrempelt. Er trug jetzt bequemere Kleidung, achtete mehr auf sein Äußeres. Er hatte sich sogar ein neues Duftwasser gekauft.

„Wann sehen wir uns wieder?", fragte er.

Kurze Pause. „Ich denke am Samstagnachmittag, da kann ich zu Dir kommen. Haben wir wieder mehr Ruhe!"

„Samstagnachmittag klingt klasse. Ich werde wieder etwas zu essen vorbereiten..."

Lärm bei Sophia im Hintergrund.

„Die Hunde im Garten spielen verrückt!", meinte Sie. „Ich gehe mal nachschauen, was los ist..." Er hörte, wie sie ihre Mutter rief und das Telefon und somit auch ihn durch das Haus mitnahm. „So, bin jetzt unten, an den Gartenfenstern…die Hunde…"

Sie schrie so laut, dass er das Gefühl hätte, sie würde neben ihm stehen. Thomas zuckte zusammen. Und sie schrie weiter. Eine tiefe glutturale Stimme erklang, sehr tief und fest, rief Worte in einer unbekannten Sprache.

„Sophia! Sophia!", rief er ins Telefon. „Lauf weg und hol die Polizei!"

Ein Schrei von Sophia, weitere gutturale Worte, dann brach das Telefonat ab. Thomas blickte auf den Telefonhörer, ungläubig. Dann rief er die Polizei an und teilte mit, dass er am Telefon mit angehört hätte, wie seine Freundin überfallen worden wäre. Er nannte Sophias Adresse, seinen Namen und seine Adresse. Dann lief er durch das Wohnzimmer, in den Flur, ergriff die Schlüssel in einer Schale auf der Kommode, eine Jacke und öffnete die Tür ins Treppenhaus. Wie üblich steckte er den Wohnungsschlüssel, de innen steckte, ins Schloss außen, bevor er die Tür schloss. So konnte er sicher sein, dass er den Schlüssel immer bei sich hatte, wenn er die Tür schloss. Einmal war er so in Eile gewesen, dass er es vergessen hatte und stand, dann im Treppenhaus. Er schloss ab und eilte das Fallreep hinab. Der Wagen stand in einem Carport vor dem Haus. Er stieg ein und fuhr los. Heute Abend war es ruhig auf den Straßen und er kam gut durch. Eine Viertelstunde nach dem Anruf parkte er vor dem Haus. Ein Polizeiwagen war da, Blaulicht. Ein Polizist stand in der geöffneten Fahrertür, beugte sich hinein und stellte das Blaulicht ab. Thomas trat heran. Der Polizist fragte ihn, was er wolle. Er nannte seinen Namen und dass er sie gerufen hatte, weil seine Freundin am Telefon so laut geschrien hätte. Der Polizist winkte ihn durch. Die Haustür war offen, er trat ein.

Sophia und ihre Mutter und Tochter waren im Wohnzimmer. Eine Polizistin stand vor ihnen und machte Notizen.

„Sophia!", rief er, eilte mit ausgebreiteten Armen auf sie zu.

Sophia sah ihn an, blieb sitzen. Er umarmte sie. Sie blieb teilnahmslos, auch als er sie küsste.

„Wie geht es dir! Was war los?"

„Es war nichts!", meinte Sophia tonlos. „Etwas hat die Hunde erschreckt. Als ich hinkam, konnte ich nichts Auffälliges sehen. „

„Aber Du hast doch so laut geschrien, und dann diese grauenvolle Stimme..."

Sophia schüttelte den Kopf, sah nach unten.

„Alles ist gut. Uns geht es gut. Das war nur kurz meine Überraschung. Da war keine andere Stimme. Du musst dich verhört haben, Thomas!" Sie sprach seinen Namen aus wie den eines Fremden. Sah ihn nicht an. Ihre Mutter und ihre Tochter blickten ebenfalls zu Boden.

„Hat es mit Peter zu tun?"

Peter war Sophias Exmann und an sich hatte es immer etwas mit Peter zu tun. Er geisterte immer noch durch Sophias Leben.

Sie schüttelte den Kopf.

„Hat nichts mit Peter zu tun!"

Die Polizistin klappte ihren Notizblock zu.

„Es sieht nicht nach einem Einbruch aus, ihre Freundin hat keine Straftat gemeldet. Es ist offensichtlich alles ein Missverständnis gewesen. Wir fahren wieder!", sagte die Polizistin, steckte den Notizblock weg und verließ das Zimmer.

Thomas blickte ihr nach, bis sie das Haus verließ. Er hatte das Gefühl, mit ihr einen Anker zu verlieren.

Sophia und die beiden anderen sahen auf den Boden. Plötzlich hoben alle drei die Köpfe.

„Es ist nichts, … Thomas!", sagte Sophia. „Lass uns bitte alleine!"

„Was ist passiert? Warum hast du so laut geschrien?"

„Aus Überraschung. Das war alles. Wir möchten, dass du wieder gehst. Alles in Ordnung!"

Thomas stand unschlüssig da, sah die anderen beiden an.

„Gut, wenn du meinst, dann gehe ich. Sehen wir uns morgen?"

Sophia, zögerte kurz, sah zu ihm hinauf, dann wieder auf den Boden.

„Morgen haben wir einiges vor, … Thomas!"

„Ich möchte dich unbedingt sehen!", meinte Thomas. „Vor allem, nachdem was heute hier passiert ist!"

„Es ist nichts passiert!", versicherte sie ihm, schaute hoch, lächelte verkrampft.

„Na gut, dann gehe ich, aber ich komme morgen Abend wieder. Wir müssen reden!"

Sophia nickte. Er ging. Draußen blieb er stehen und sah durch das Küchenfenster hinein. Er konnte bis auf die Couch ins Wohnzimmer sehen. Alle drei schauten ihn unverwandt mit großen Augen an. Thomas fühlte sich nicht wohl, ging zu seinem Auto, stieg ein und fuhr los.

Zuhause setzte er sich auf die Couch, trank Wein. Irgendwann ging er zu Bett.

Am nächsten Tag arbeitete Thomas normal. Sophia meldete sich nicht per Nachrichtendienst. Er schrieb sie nach der Mittagspause an. Sophia meldete, dass alles in Ordnung sei und dass sie das heutige Treffen absagen wollte. Sie fühlte sich nicht gut. Thomas überlegte.

Nach der Arbeit fuhr er heim, aß etwas, setzte sich auf die Couch ins Wohnzimmer und überlegte. Er schaltete den Fernseher ein, besah sich die neuesten Nachrichten. Als es 19 Uhr wurde schaltete er den Fernseher aus, stand auf, verließ die Wohnung.

Während der Fahrt zu Sophia überlegte er, ob er das Richtige tat. Er kam gut durch, parkte in der Nähe ihres Hauses, stellte sich vor die Tür und wollte klingeln, da öffnete Sophia die Tür.

„Ich habe dich kommen gesehen!", sagte sie als sie sein erstauntes Gesicht sah.

Er trat ein. Sie schloss die Tür hinter ihm, trat durch den Flur ins Wohnzimmer. In der offenen Küche links stand die Mutter und schmierte ein Butterbrot. Sie sah kurz auf, als er sie grüßte, grüßte tonlos zurück. Sie setzten sich auf die Couch. Sophia sah genauso aus wie gestern. Hatte sie in den Sachen auch geschlafen? Die Mutter setzte sich in den Sessel. Sie stellte den Teller vor sich ab. Butterbrot, belegt mit Fleischwurst und Tomaten, mundgerecht geschnitten.

„Seit wann isst Du Tomaten? Ich dachte Du magst sie nicht!", sagte Thomas.

Sophia und ihre Mutter sahen sich an, dann schob die Mutter den Teller zu Sophia hinüber.

„Das hat sie für mich gemacht!", meinte Sophia und aß ein Stück des Butterbrotes.

Thomas war verwirrt.

„Was ist hier los?"

Beide sahen ihn an. Er stand auf, ergriff Sophia sanft am Arm und schob sie in den nächsten Raum. Es war ihr Arbeitszimmer. Hier saß sie oft am Rechner und bearbeitete Steuersachen ihrer Mandanten. Thomas drückte sie sanft zum Schreibtisch, schloss die Tür hinter sich.

„So, sag mir jetzt, was hier los ist?"

Sophia sah ihn direkt an, ihre Augen…hatten sich verändert, wirkten größer.

„Es ist etwas passiert, was du nicht verstehen kannst, Thomas. Deswegen möchte ich, dass wir uns nicht mehr wiedersehen. Meine Welt hat sich radikal verändert."

„Ich verstehe nicht…"

Sie ließ den Kopf nach hinten sinken, ihr Gesicht sah zur Decke. Sie streckte den Arm aus und mit einer Stimme, die wie die Stimme gestern aus dem Mobilfunkgerät erklang, laut und gluttural und nicht für menschliche Stimmbänder gemacht, rief Sophia: „Mensch! Sklaven seid ihr alle! Unsere Sklaven! Wir haben euch erschaffen und wir bestimmen euer Geschick! Mensch, wie kannst du es wagen, uns zu trotzen!"

Als sich ihr Kopf langsam nach vorne bewegte, hatte sich ihr Gesicht völlig verändert. Die Augen wirkten riesig und dunkel, Nase und Mund klein.

„Mensch! Du trotzt deinen Göttern! Frevler!",

Sie hatte die gleiche tiefe gutturale Stimme wie gestern über Telefon. Sie war zurückgetreten und wies mit ausgestrecktem Arm auf ihn. „Wie kannst du es wagen, uns zu trotzen!"

Thomas schrie auf, drehte sich um, riss die Tür auf, da standen ihre Mutter und Tochter. Beide wiesen mit der Hand auf ihn und riefen unisono: „Frevler! Gotteslästerer! Sklave!"

Thomas schrie auf und lief an ihnen vorbei zur Tür.

„Du wirst uns nicht entkommen, Frevler! Wir sind sehr viele!", hörte er hinter sich.

Die Tür war abgeschlossen. Er drehte hastig den Schlüssel herum, Schritte, er wagte nicht, sich umzudrehen. Hinaus. Zum Auto. Nestelte an der Hosentasche, die Schlüssel fielen ihm herunter. Er klaubte sie vom Boden auf und blickte zum Haus. Alle drei standen vor der Tür und wiesen mit ausgestrecktem Arm auf ihn. Sie sagten nichts.

Thomas schloss den Wagen auf, setzte sich hinein, reflexartig hakte er den Sicherheitsgurt fest. Er setzte zurück, wendete und fuhr auf den Kreisverkehr, bog zur Stadt ab. Er fuhr zu schnell. Ein Wagen setzte aus einer Parklücke, er fuhr auf und schlug in den Airbag auf. Benommen registrierte er die Hupe, die permanent ging. Mühsam lehnte er sich zurück. Die Hupe verstummte. Sein Gesicht schmerzte. Die Brille hatte sich in seinen Nasenbrücken gegraben. Er stieg aus. Die Motorhaube war stark eingedrückt. Der andere Wagen hatte einen zerknautschten Kofferraum, die Klappe war aufgesprungen. Eine Frau war ausgestiegen, stand leicht benommen neben dem Wagen. Andere Menschen traten aus den nahen Häusern. Langsam trat er zur Frau.

„Haben Sie etwas abbekommen? Sind sie verletzt?", fragte er.

Sie schüttelte den Kopf und wies mit ausgestrecktem Arm auf ihn. Alle Menschen um ihn herum wiesen mit dem ausgestreckten Arm auf ihn.

Thomas begann zu schreien.

Terra incognita

Magellan drehte sich zum Schiffsjungen herum, der neben ihm stand. Er deutete nach vorne, über den Bug hinaus.

„Dort, Fernando, liegt unsere Zukunft. Irgendwo da draußen sind unsere Ziele. All das Gold der Neuen Welt, das wir für unseren König zurückbringen sollen. Wir werden seine Schatzkammer füllen und dabei auch reich werden. Da liegt unser Ziel, immer der untergehenden Sonne nach. Die Sehnsucht nach dem Neuen treibt uns voran, Fernando. Das unterscheidet uns von den Tieren und den Heiden. Wir verbreiten das Wort des Herren unter den Ungläubigen mit Feuer und Schwert. Das ist unser göttliches Recht!"

Magellan lächelte und tätschelte die Schultern des Jungen.

„Ich bin die Gegenwart, du die Zukunft, Fernando. Daher erkläre ich dir alles, was ich weiß und was du wissen musst, um ein großer Matrose zu werden. Habe es deiner Mutter auf ihrem Sterbebett versprochen, auf dich aufzupassen."

Fernando trat an den Bug heran, sah hinab in die Fluten. Der Wind blähte die Segel und ließ das Schiff schnell durch die Wellen gleiten. Er sah über das Bugspriet nach vorne. Die Sonne begann zu versinken. Er genoss den Augenblick. Später würde er wieder mit dem Kapitän in dessen Kabine über Plänen brüten.

Er lernte schnell und nahm viel in sich auf. Fernando lauschte den Worten des Kapitäns, der von seinen letzten Reisen berichtete und die tiefe Sehnsucht in ihm geweckt hatte, die Welt zu sehen. Seine Mutter hatte schließlich seinem Wunsch nachgegeben, um ebenfalls ein Matrose zu werden, so wie sein Vater, der auf dem Meer geblieben war. Ihr berühmter Nachbar Magellan hatte sie auf ihren Wunsch hin aufgesucht und ihr das Versprechen auf dem Sterbebett gegeben, sich um Fernando zu kümmern.

Magellan ging nach hinten zum Steuer, rief Befehle über das Deck. Fernando blieb am Bug stehen, sah nach vorne und spürte eine tiefe Sehnsucht, die *Terra incognita* zu sehen und alles zu erleben.

Sehnsucht

Wir sehen uns nach etwas, das in uns zur Sucht wird. Wir drängen nach Erlangung dessen, was wir niemals erreichen können. Daher die Sehnsucht tief in uns nach etwas, das uns unendlich entfernt erscheint. Nach was sehnen wir uns? Geld? Macht? Ruhm? Reihenhaus in einer ruhigen Wohngegend? Viele Kinder? Ein protziges Auto? Eine schöne Frau an unserer Seite? An sich könnte ich glücklich sein – habe einen tollen Sohn, eine schöne Freundin an meiner Seite, habe keine Geldsorgen und schreibe Bücher. Und da ist etwas, das unentwegt an mir nagt. Es ist der Wunsch nach mehr, nach viel mehr. Ich möchte mehr Bücher haben, mehr Geld besitzen, meinen Namen unter den Leuten bekannter machen. Mehr, mehr mehr...

Ist das schlecht? Nein, denn es hat uns von den Baumwipfeln in die Savanne getrieben und uns aufrecht gehen lassen. Wir haben uns die Tiere Untertan gemacht und die Welt erobert, unermessliche Reiche erschaffen und untergehen lassen. Wir schwingen uns von unserem Planeten hinauf ins endlose Weltall und unsere Sehnsucht nach dem Anderen, Dahinterliegenden, der terra incognita, treibt uns immer weiter, bis ... bis wohin und wann? Bis wir selbst zu Göttern werden und Leben aus dem Nichts erschaffen können? Für uns Menschen gibt es keine Grenzen. Ist es das, was die Götter fürchten? Unsere Sehnsucht?

Biblische Geschichten

Barabbas

Was ist mit der Menge los? Wieso schreien sie meinen Namen?

Diese grelle Sonne … kann nicht klarsehen.

Kein Wunder, nach all den Tagen im Verlies!

Kann mich kaum bewegen, meine Hände und Füße sind angekettet.

Jetzt zum Passahfest stehe ich hier. Zur Verurteilung?

Nur mühsam erkenne ich den Römer, den römischen Statthalter, der vor mir auf dem Thron hockt, fett von unserer Hände Arbeit.

Und wer ist das neben mir?

Er trägt eine Dornenkrone über dem blutigen Gesicht und ein zerlumptes Gewand.

Dabei hat er die Haltung eines Königs.

Was hat er verbrochen, um so behandelt zu werden?

Er muss ein Verbrecher sein. Vielleicht einer der anderen Aufrührer?

Die Menschen rufen meinen Namen, ihre Worte rollen wie Donner über uns hinweg.

Für die einen bin ich ein Verbrecher, für die anderen ein Freiheitskämpfer!

Sein Gesicht - so ruhig und gelassen.

Seine Augen

Seine Augen…

Ich wende den Blick ab und sehe zur Menge vor den Stufen des Palastes.

Sie wollen mich frei sehen und diesen Armen gekreuzigt.

Seine Augen… Voller Liebe

Voller Liebe für die da unten, die Rufenden und ihm wütend drohenden Menschen.

Welches Verbrechen wirft man ihm vor?

Hörte die Wächter sagen, dass sie ihn als den König der Juden feiern würden.

Dabei haben sie gelacht.

Der König der Juden! Verschmäht vom eigenen Volk

Pilatus lässt sich eine Schüssel mit Wasser bringen und wäscht seine Hände darin.

Als könnte er so seine Schuld abwaschen! Der alte Heuchler!

Gestern ließ er noch dreißig aus der Menge auspeitschen, weil sie ihre Steuern nicht bezahlen konnten – wovon auch? - und heute ... heute huldigen sie ihm!

Pilatus erhebt die Hände und deutet auf den Mann neben mir.

„Ich bin unschuldig am Blut dieses Mannes! Ihr habt entschieden, wie es der Brauch ist!"

Dann deutet er auf mich und gibt den Legionären Anweisungen.

Sie zerren mich vom Podest und nehmen mir die Fesseln ab.

Allein bleibt er auf dem Podest stehen, ruhig, ohne Angst.

Seine Augen...

Die Masse nimmt mich auf und trägt mich davon.

Lilith

„Du hörst mir gar nicht zu!", rief Lilith und stellte sich vor Adam, die Fäuste in die Hüfte gestemmt. „Wo warst du?"

Adam stand vor ihr, seine Arme hingen an den Seiten herunter, die Hände öffneten und schlossen sich.

„Ich war im Garten unterwegs!"

„Wahrscheinlich hast du dich mal wieder am Baum der Erkenntnis herumgetrieben! Du weißt, dass wir davon die Finger lassen sollen! Wieso hörst du nie zu, wenn ich dir was sage!!"

Sie hob einen Eimer auf, der neben ihr stand, und drückte ihn in seine Arme.

„Los, füll den Eimer mit Wasser. Damit wir das zu essen machen können! Ich habe das Gemüse aufgelesen und alles vorbereitet!"

Sie deutete auf das Loch in der Erde, mit einem Fell ausgekleidet. Geschnittenes Gemüse lag daneben. Steine lagen in der Asche eines Lagerfeuers. Wenn das Loch mit Wasser gefüllt war, wurden die heißen Steine hineingelegt. Sie würden das Wasser stark erhitzen, darin könnte das Gemüse gekocht werden.

Einfach, praktisch – Liliths Erfindung.

Adam ging zum Bach, der das Gelände durchschnitt. Steine lagen darin, die ein Überschreiten erleichterten. Er trat auf ihnen in die Mitte des Baches und füllte den Eimer. Zurück zu Lilith, in das Erdloch gießen. Fluss. Eimer. Loch. Vier Mal musste er gehen, bis das Loch gefüllt war. Mit einer Zange aus Holz hob Lilith einige heiße Steine vom Feuer und ließ sie ins Wasser fallen. Das Fell würde die Hitze gut aushalten. Sie hatten es schon oft getan. Summend legte Lilith die Gemüseteile hinein, rührte alles mit der Holzzange um. Auf einem anderen Fell in der Nähe standen Schüsseln und Holzlöffel.

„Wie lange brauchst du zum Kochen?", fragte Adam.

„Wo willst du wieder hin?"

Adam deutete auf die Mitte des Gartens.

Lillith schüttelte den Kopf.

Adam ging mit gesenktem Haupt von dannen. Wie so oft erreichte er die Mitte des Gartens. Hier stand ein gro-ßer Baum mit Früchten. Im Gegensatz zu den allen anderen, die immer nur eine Frucht trugen, hatte dieser Baum verschiedene Früchte: Äpfel, Birnen, Pflaumen, Kirschen, Zitronen und Orangen. Er stellte sich an den Baum und betrachtete die Früchte.

Er wollte schon danach greifen, als hinter ihm eine tiefe Stimme ertönte: „Du weißt genau, Adam, dass dir die Früchte vom Baum der Erkenntnis verboten sind!"

Er wirbelte herum. Er stand da, in seiner ganzen Pracht. Adam blickte in das weise alte Gesicht und sah zu Boden.

„Was ist los mit dir, Adam? Du siehst unzufrieden aus."

„Was soll ich nur mit Lilith unternehmen?", sagte er. „Sie hört nicht auf mich, weist mich immer zurecht, ist aufmüpfig und widerspricht mir. So hatte ich mir meine Frau nicht vorgestellt!"

Er lächelte. „So ist das nun mal mit den Frauen. Meinst du, mir ginge es anders?"

Er senkte die Stimme und sah Adam an.

„Was möchtest du?"

„Ich möchte eine Frau, die mir gehorcht und die mir keine Vorschriften über mein Leben macht."

Er nickte.

„Gut, lege dich hin, ich muss dir dazu eine Rippe ent-nehmen. Daraus mache ich dir eine Frau. Um Lilith werde ich mich dann kümmern. Du wirst sie nicht mehr sehen!"

Adam legte sich nieder, schloss die Augen und schlief sofort ein. Als er erwachte, spürte er einen Schmerz an der linken Seite. Er sah dort eine Narbe. Langsam stand er auf und ging zur Kochstelle zurück. Dort stand eine andere Frau. Lilith war verschwunden. Im Gegensatz zu Lilith war diese Frau kleiner und hatte dunkle Haare und braune Augen und war nicht blond und blauäugig wie Lilith.

„Wer bist du?" fragte er.

Die Frau lächelte ihn an.

„Ich heiße Eva."

„Ich heiße Adam!"

„Freut mich, Adam, dich kennenzulernen, Adam!"

Sie reichte ihm eine Schüssel mit dampfender Suppe und einen Löffel.

„Das ist für dich, Adam. Leckere Suppe!"

Adam nahm die Suppenschüssel und den Löffel entgegen.

„Danke dir. Wir werden gut miteinander auskommen, Eva. Da bin ich mir sicher."

Er begann zu essen und Eva lächelte.

Die Ersten

„Vielen Dank, dafür, Eva! Jetzt hat uns der Alte rausgeworfen und wir können schauen, wo wir bleiben!"

„Das war keine Absicht. Ich wollte dir was Gutes tun, und du hast es mal wieder versaut!"

„Wieso ich? Wer hat auf die Schlange gehört? Du oder ich?"

„Ich, aber das ist jetzt egal. Wir beide müssen nun hier durch!"

„Schau dich um, hier ist nichts! Wir müssen erst einmal irgendwo unterkommen, etwas zu essen finden, eine Unterkunft, dann können wir erst weitersehen!"

„Wie viel Essen haben wir dabei?"

„Das, was wir aufraffen konnten, bevor er uns rausgeworfen hat. Obst, einiges an Gemüse, Wasser in Kalebassen, reicht für einige Tage, wenn wir sparsam sind!"

„Wo sind wir hier?"

„Ich weiß es nicht, Eva. Ich war noch nie außerhalb des Gartens. Ersteigen wir den Hügel und schauen uns um."

Oben…

„Schau, hier können wir weit sehen. Dort hinten sind die Berge. Und wenn wir zurücksehen, erblicken wir den Taleingang, durch den wir gehen mussten. Der Engel mit dem Flammenschwert ist dort, bewacht den Eingang. Wir können nie mehr zurück, auch unsere Nachkommen nicht. Der Alte war da sehr klar!"

Eva zuckt mit den Schultern.

„Egal, das ist Geschichte, jetzt müssen wir uns um uns selbst kümmern. Gut, dass du Ackergeräte mitgenommen hast."

„Der Alte hat mir gezeigt, wie ich sie nutzen kann. Das wird uns helfen. Und die Samen, die er uns gegeben hat.“

Er hob seinen Stock, den er als Wanderstab nutzte.

„Und mit diesem Stab kann ich uns vor wilden Tieren beschützen!“

Er deutete nach vorne.

„Gehen wir zu den Bergen. Dort sind wir sicher.“

Und sie machten sich auf den beschwerlichen Weg Richtung der Berge. Adam half Eva, die bereits zwei Kinder in sich trug.

Jericho

Die Israeliten erreichten Jericho und bauten ihr Lager vor der Stadt auf. Die Städter hatten die Tore geschlossen und die Mauern mit Wachposten bemannt. Sie waren bereit, einen Angriff der Israeliten abzuwehren. Die Israeliten erblickten die blinkenden Helme und Speere der vielen Wachen auf den Mauern hoch über ihnen.

„Wie können wir die Mauern stürmen? Da kommt nicht einmal eine Fliege hinauf!“, rief einer der Berater.

Josua blickte von dem Tisch auf und hinüber zur Stadt. Sie hatten das Lager außerhalb der Reichweite der besten Bodenschützen aufgebaut. Josua hatte die Israeliten aus der Wüste hierher geführt. Jetzt war es an ihm, Jericho zu erobern.

„Der Herr hat uns dieses Land in die Hand gegeben, und wir werden es erobern, so, wie es uns prophezeit wurde!“

„Und wie sollen wir das machen?“

„Ich habe in weiser Voraussicht schon Kontakt mit unseren Leute in der Stadt aufgenommen. Sie werden uns jetzt helfen! Dafür müssen wir die Wachen aber ablenken.“

„Und wie?“

„Ganz einfach!“ Er nahm einem der Umstehenden ein Horn ab und blies hinein. „So!“

Und Josua wies sie an: „Tragt die Bundeslade und lasst sieben Priester sieben Posaunen tragen und laut blasen vor der Lade des Herrn.“

Als Josua das dem Volk gesagt hatte, gingen die Bewaffneten vor den Priestern her, die die Posaunen bliesen, und das übrige Volk folgte der Lade nach, und viele bliesen die Posaunen und Hörner.

Der Lärm war ohrenbetäubend. Die Wachposten hatten Alarm ausgelöst und sich an dem Punkt massiert, an dem die Israeliten ihr Lager aufgeschlagen hatten. Dann folgten sie auf der Mauer und durch die Stadt dem Weg der Israeliten. Bis sie wieder ihr Lager erreichen.

Unbemerkt von allem hatte Rahab, als die Israeliten und die sie begleitenden Wachposten auf der gegenüberliegenden Seite der Stadt waren, ein Seil aus ihrem Haus hinabgelassen, das an der Mauer lag. Zwei Männer erklommen unerkannt die Mauer, und sie brachte sie in ihr Haus.

Das ging sechs Tage lang. Immer, wenn die Israeliten und die sie beobachtenden Wachen auf der anderen Seite der Stadt waren, ließ Rahab ein Seil hinab und zwei Männern stiegen hinauf. Es war eng in ihrer Wohnung. Sie hatte die Israeliten so leise und gut untergebracht, wie es ihr möglich war. Währenddessen ging sie nicht ihrem Gewerbe nach, hatte ein entsprechendes Schild an der Tür ihres Hauses angebracht.

Am 7. Tag zogen die Israeliten siebenmal um Jericho und Rahab ließ jedes Mal das Seil hinab und jeweils zwei Männer stiegen hoch. In ihrem Haus herrschte ein Gedränge. Die Israeliten waren bereit. Sie warteten auf das Zeichen.

Josua sprach zum Volk: „Macht ein Kriegsgeschrei! Denn der Herr hat euch die Stadt gegeben. Diese Stadt und alles, was darin ist, soll dem Bann des Herrn verfallen sein. Nur die Hure Rahab soll am Leben bleiben und alle, die mit ihr im Hause sind; denn sie hat die Boten verborgen, die wir aussandten. Allein hütet euch vor dem Gebannten und lasst euch nicht gelüsten, etwas von dem Gebannten zu nehmen und das Lager Israels in Bann und Unglück zu bringen."

Da erhob das Volk ein Kriegsgeschrei, und man blies die Posaunen. Und als das Volk den Schall der Posaunen hörte, erhob es ein großes Kriegsgeschrei. Da verließen die Israeliten das Haus Rahabs und stürmten die Tore, töteten nach kurzem, hartem Kampf die Wachen und öffneten die Tore. Das Volk stieg zur Stadt hinauf, stürmten die Tore. So nahmen sie die Stadt ein und vollstreckten den Bann an allem, was in der Stadt war, mit der Schärfe des Schwerts, an Mann und Weib, Jung und Alt, Rindern, Schafen und Eseln.

Aber Josua sprach zu den beiden Männern, die das Land erkundet hatten: „Geht in das Haus Rahabs und führt sie heraus mit allem, was sie hat, wie ihr es ihr geschworen habt."

Da gingen die jungen Männer, die Kundschafter, hinein und führten Rahab heraus samt ihrem Vater und ihrer Mutter und ihren Brüdern und allem, was sie hatte, und ihr ganzes Geschlecht führten sie heraus und gaben ihnen einen Platz außerhalb des Lagers Israels. Aber die Stadt verbrannten sie mit Feuer und alles, was darin war. Nur das Silber und Gold und die ehernen und eisernen Geräte taten sie zum Schatz in das Haus des Herrn. Rahab aber, samt dem Hause ihres Vaters und allem, was sie hatte, ließ Josua leben. Und sie blieb in Israel wohnen, weil sie die Boten verborgen hatte, die Josua gesandt hatte, um Jericho auszukundschaften.

Der engste Bruder

„Du weißt, dass ich eine Aufgabe im Leben zu erfüllen habe. Und dabei brauche ich Hilfe. Deine Hilfe. Du bist der Stärkste von allen. Nur du kannst mir helfen bei dem, was mir bevorsteht. Nur du alleine! Du musst es tun!"

Er packte den Mann an den Schultern und hielt ihn fest.

„Du bist mein Fels, nur du, nicht die anderen! Sie schlafen ein, wenn ich bete. Sie wenden sich von mir ab und verleugnen mich, bevor der Hahn am Morgen dreimal kräht! Du bist mein liebster Bruder! Ich brauche dich jetzt! Nur du kannst es tun! Du musst zu ihnen gehen und mich verleugnen und mich ihnen ausliefern!"

„Und wie soll ich das tun?"

„Lass dich bezahlen. Und dann führst du sie hier in den Garten, wo ich mit den anderen sein werde. Gib mir einen Bruderkuss und liefere mich ihnen so aus. Als Zeichen des Erkennens!"

Der Mann senkte den Kopf. Er weinte.

Er tröstete den Mann, drückte ihn an sich und hielt ihn fest.

„Du musst es tun! Du musst es für mich tun! Erlöse mich von meinen Ängsten und Zweifeln!"

Der Mann nickte und löste sich aus der Umarmung. Er gab ihm einen Kuss, und der Mann ging mit gesenkten Schultern davon.

Und Judas ging zu den Hohepriestern in den Tempel und verriet seinen Herrn für 30 Silberlinge.

Der Holzhändler

Der Mann kratzte sich am Kopf.

„Das ist eine Menge Holz, was sie da von mir haben wollen!", sagte er. „Das ist nicht in einer Woche geschehen! Wir haben nicht genug auf Lager für Ihren Wunsch. Wir bringen ihnen das, was wir haben. Allein das Abholzen und grobe Zurechtschneiden weiterer Hölzer wird mindestens acht Wochen dauern. Dann schneiden wir aus den Baumstämmen die Planken und Bretter zurecht. Das dauert noch weitere drei bis vier Wochen. Sie können mit dem groben Bau realistisch in zwölf Wochen beginnen. Was wollen sie überhaupt mit dieser Riesenmenge Holz bauen?"

Der alte Mann mit wirrem Haupthaar und langem Bart schaute sich um, deutete auf den Bereich zwischen seinem Haus und dem Stall.

„Hier bauen wir unser Schiff!"

Der Holzhändler sah ihn verständnislos an.

„Wieso ein Schiff? Der nächste Fluss liegt eine Tagesreise östlich von hier!"

Der Holzhändler sah den Alten irritiert an.

„Wie kommen sie darauf, hier ein Schiff zu bauen!"

„Gott hat zu mir gesprochen! Er hat zu mir gesagt, dass ich hier ein Schiff bauen soll, weil die große Flut kommen wird!"

Offensichtlich ein Verrückter!

„In Ordnung. Ich liefere ihnen das Holz. Dazu brauche ich aber eine Vorauszahlung!",

Er schaute auf die Zusammenstellung, die er in Händen hielt. Darauf waren Menge und Angaben zu Länge, Breite und Dicke der Bretter angegeben.

„Alleine für die Beschaffung benötige ich 400 Taler, dann noch 300 für die ganzen Arbeiten. Geben Sie mir am besten alles im Voraus. Dann müssen sie sich keine Gedanken mehr über die Ausführung machen!"

Wie sein Vater schon immer gesagt hatte: Scheint der Kunde unzuverlässig oder verrückt oder beides, verlange eine Vorauszahlung von ihm, mindestens die Hälfte der zu erwartenden Summe, am besten alles.

Der alte Mann ging in sein Haus und kehrte wenig später mit einem jungen Mann zurück. Beide trugen Beutel in Händen. Der alte Mann überreichte dem Händler seinen Beutel. Dieser öffnete ihn, griff hinein und holte einige Münzen zur Prüfung heraus. Er reichte den Beutel einem seiner Helfer, der unweit von ihm stand. Dann prüfte er den zweiten Beutel, dem er einem anderen Helfer gab.

„Alles in Ordnung!", sagte er und sie bekräftigten den Vertrag durch Handschlag.

Zur angegebenen Zeit brachten Eselskarren das Holz zur Baustelle und luden es unweit der Hütte ab. Der alte Mann und seine Familie hatten schon ein Gerüst aufgebaut, das an Fischgräten erinnerte. Der Holzhändler schaute auf das Gerippe und schüttelte den Kopf. Das würde ein großes Schiff werden! Größer, als er es jemals gesehen hatte.

Er ließ die Ladung durch seine Helfer abladen und suchte den alten Mann auf, der auf dem Bauplatz stand. Er hielt mehrere Papyri in den Händen und besah sich die Zeichnungen.

„Hallo!", sagte er zur Begrüßung.

Der alte Mann nickte.

„Wir haben ihnen wie besprochen die ersten Bretter geliefert!"

Der alte Mann nickte und lächelte.

„Sehr gut. Sehr gut. Dann können wir loslegen mit den Planken!"

Der Holzhändler besah sich die Zeichnung. Es zeigte ein dickbauchiges Schiff mit einem Aufbau.

„Das ist ein riesiges Schiff!", sage er.

Der alte Mann deutete auf die Einteilungen.

„Darin werden wir Tiere unterbringen, ein Paar von jedem."

„Spricht Gott oft mit ihnen?"

Der alte Mann nickte heftig.

„Häufig. Sehr häufig!"

Der Holzhändler nickte und ging nach Austausch von weiteren Höflichkeiten zum Abladeplatz. Die Familie des alten Mannes hatte mehrere Feuer angezündet und Kessel mit Wasser aufgestellt. In den Boden wurden kräftige Stäbe eingerammt. Er beobachtete, wie die abgeladenen Bretter nach Länge gestapelt wurden. Bretter wurden genommen und zu den Feuern gebracht. Es waren gerade Bretter, die nass über Feuern gebogen werden mussten. Dann wurden sie an den Gerüsten angelegt, ausgerichtet und mit Seilen befestigt.

Der Holzhändler tauchte immer wieder auf der Baustelle auf. Er brachte immer neue Bretter an die Baustelle und lud sie ab. Das Schiff machte sich langsam. Das Gerippe war fertig, von unten nach oben wurden überlappend Planken angebracht und mit Pech verklebt. Das Pech kam aus nahen Quellen aus dem Boden und musste nur abgegriffen werden.

Der Holzhändler hatte aufgehört sich über den alten Mann zu wundern. Stattdessen versorgte er ihn mit dem besten Holz, sortierte von vorneherein schlechtes Holz aus, brachte ihm nur die maßgenau geschnittenen Bretter.

Das Schiff wuchs.

Eines Tages war es fertig.

Der alte Mann dankte dem Holzhändler und gab ihm einen Beutel voller Geldstücke als Abschlusszahlung.

„Wann sollen sich denn die Tore des Himmels öffnen und alles überfluten?" fragte der Holzhändler.

„Schon bald, sehr bald! Wir suchen die Tiere zusammen, die wir in dem Schiff unterbringen wollen. Bekennen sie sich zum wahren Gott, und er wird sie retten!"

Der Holzhändler dankte dem alten Mann für die letzte Bezahlung und ging zum leeren Fuhrwerk, mit dem er die letzten Bretter für die Kabine auf dem Deck gebracht hatte. Er sah durch die große geöffnete Klappe. Überall waren Einteilungen in den Wänden, beschriftet. Menschen liefen geschäftig herum, trugen Sachen in das Schiff. Der Holzhändler fuhr heim und besah sich sein Haus. Seine Kinder spielten in den Scheunen und Ställen. Sklaven kümmerten sich um das Vieh. Er besah sich die Umgebung, seine Felder und alles, was er hatte, und er überdache die Worte des alten Mannes.

Und die Tore des Himmels öffneten sich, und vierzig Tage und Nächte regnete es. Das Schiff des alten Mannes wurde durch die Wasser aufgenommen und nach oben getragen.

Der Holzhändler hatte aus einem Dutzend langer Baumstämme und Brettern ein Floß gezimmert. Das hatte er hoch über dem Haus auf dem Gipfel eines hohen Hügels bauen lassen. Alle Nachbarn lachten ihn aus, als sie das sahen. Als der Regen begann, kurz bevor die Wassermassen zusammenströmten, hatte er seine ganze Familie und sein Hab und Gut darauf versammelt. Als die Wassermassen ihn und sein Floß hinauftrugen, liefen die Nachbarn herbei und wollten auch auf das Floß. Sie ertranken alle, bevor sie es erreichten. Nun schwamm es ruhig auf den Wellen dahin.

Obwohl beide lange auf dem Wasser trieben, trafen sich der alte Mann und der Holzhändler nicht.

Inhalt

In Kurzgeschichten greift der Autor wichtige Themen des Lebens wie Bindungen, Liebe, Ärger mit Ämtern, Sehnsucht und vieles andere auf. Dabei bedient er sich verschiedener Genres wie Belletristik, Science-Fiction, Krimis, biblischen Geschichten und Aphorismen. Einige Schilderungen sind selbsterlebt.

Vom Autor erschien bereits:

Schriftkram
ISBN 978-3-759-77013-4

Schrift-Gut
ISBN 978-3-759-77036-3

Schrift-Art
ISBN 978-3-759-72902-6